フジテレビ元経済部長が毎日実践している

日経電子版の読みかた

フジテレビ解説委員
鈴木 款
Suzuki Makoto

HOW TO USE
NIKKEI

プレジデント社

はじめに

「日経新聞って、やっぱり読んだほうがいいんでしょうか?」

もしも私が、これからの日本を支える20代、30代のみなさんや、就活に臨む学生の方々からこのように尋ねられたら、間違いなく「読むべきです」と答えます。

その理由は、大きく2つあります。

日経を読むべき理由その1「クオリティ・ペーパーである」

1つ目は、日本経済新聞(以下、日経)が、日本のビジネスパーソンにとって最上の「クオリティ・ペーパー」であるからです。

マスメディアの先進国であるイギリスでは、大衆に読まれる娯楽的な大衆紙と対比して、国際・政治・経済ニュースの比重が高い、エリート層を読者とする高級紙をクオリティ・ペーパーと呼びます。

日本には、日経のほかにも大手紙(全国紙)といわれる読売・朝日・毎日・産経新聞があります。しかしそのなかでも、なぜ日経がビジネスパーソンにとって最上のクオリティ・ペーパーなのでしょうか。その答えは、日経が他紙を圧倒する、経済・ビジネスの情報量にあります。

たとえば、日経の企業取材の体制をみてみます。

私が勤務するフジテレビの場合、経済ニュースを取材する部は総勢約30人ですが、そのうち企業情報をカバーしている記者は

数人です。一方で、日経の企業を取材する企業報道部という部署は、総勢100人以上です。

彼らは上場企業はもちろん、私たちではなかなか取材できない非上場・ベンチャー企業まで、経営戦略や事業展開、人事に至るあらゆる情報をカバーしています。

さらに日経には企業報道部のほかにも、企業を財務面から取材する証券部などがあり、1つの企業を多角的にカバーする体制が整っています。大手紙であっても、企業の取材にここまで人員を配置できるところはありません。

日経は、いま考えられる限り、日本で最大級の取材体制で、企業情報をカバーしているメディアだといえます。

日経を読むべき理由その2「ビジネスパーソンの共通言語である」

もう1つの理由は、「ビジネスツールとして日経は必需」というのが、ビジネスパーソンの「常識」であることです。

この本を書くにあたって、ビジネスの最前線で働くさまざまなビジネスパーソンに話を聞きました。

すると、成功してきた多くのビジネスパーソンにとって日経を読むことは、毎日の「ルーティン」であることがわかりました。

ビジネスパーソンにとって、日々の仕事を首尾よくこなすうえでも、中長期的にキャリアアップを重ねていくためにも、日経は

欠かせないというのが「共通認識」です。

つまり、あらゆるビジネスシーンにおいて日経は、「共通言語」になっているといってもいいでしょう。

限りある時間のなかで日経を賢く読むために

ここで、みなさんに問題です。

「日経の朝刊（1日分）は、何文字あるでしょうか？」

答えは、「約20万字」です。もちろん日や時期によって増減するので一概にはいえませんが、20万字といえば、本書のざっと3倍の文字数です。

毎朝欠かさずに、それだけの文章を隅々まで読むのは、はっきりいって不可能です。

本書の冒頭で、私は「日経を読むべきです」と答えましたが、それは決して隅々まで読み込まなければならないという意味ではありません。

私の場合、日経を含むニュースのチェックをするのは、基本的に朝の1時間が勝負です。当然、日経を隅から隅まで読んでいる余裕はありません。

おそらく、普通のビジネスパーソンにとっても、メディアから情報収集をするのに使える時間は、せいぜい1日のうち1時間ではないでしょうか。

つまり、起床してから自宅を出るまでか、通勤中（人によっては早朝のオフィス）に情報収集を終える必要があるということです。

　そもそも記事には自分に必要なニュースと、必要のないニュースが混在しています。

　したがって、いかに効率よく自分に必要なニュースを見つけ出すかが、情報収集のカギになるといえます。

なぜ「日経電子版の読みかた」を知るべきなのか？

　本書のタイトルは『日経電子版の読みかた』です。

　最近電車のなかで、紙の新聞を読んでいる人をめっきり見かけなくなりました。そういう私も、紙を読むのは朝の自宅かオフィスだけで、紙を持ち歩くことはほとんどありません。

　いまやビジネスパーソンが移動中に使う情報収集ツールは、スマホ・タブレットです。さらにいえば、オフィスの情報ツールは、紙よりPCです。

　日経はこうした時代がやってくることを予知して、2010年に「日経電子版」を創刊しました。

　本書では、「電子版」の読みかたについて紙と対比しながら、徹底解説します。

　紙と電子版はどう違うのか、どちらをどう読めば効率的に情報収集できるのかといった疑問に、TPOに分けてお答えしていき

ます。

　これまで多くの「日経の読みかた」に関する本が出版されてきましたが、「日経電子版」を強く意識したものは、私が知る限りではありません。

　時代の先端をいく情報収集技術を、みなさんと共有できれば幸いです。

必要なニュースを見極める能力＝「メディアリテラシー」を養おう

　私は大学で「メディア論」の講義をすることがあります。その際、学生たちから「ニュースを勉強するのには、どのメディアを使ったらいいですか？」とよく聞かれます。

　最近の学生は、スマホでキュレーションサイトを読むことが圧倒的に多くなっています。しかし、自分が読んでいるニュースがが本当に自分にとって必要なニュースなのか、自信をもっている学生はほとんどいないようです。

　こうした彼らに必要なものは、「メディアリテラシー」と呼ばれる、メディアが発信する情報を見極め、理解する能力です。

　たとえば、新聞の紙面をみてみます（65ページ参照）。

　紙面には「見出し」があります。一般的に見出しが大きければ大きいほどニュースバリューがある記事で、「押さえておくべき

情報かどうか」の判断材料になります。

また、記事が何ページ目のどこにあるのかによっても、ニュースバリューの軽重がわかります。

こうしたスキルを身につけることが、新聞の紙面を効率よく読み、賢く使うためのメディアリテラシーにつながっていきます。

もちろん、こうして養われたメディアリテラシーは、新聞だけでなく、ネットにも活用できます。

ネット上にはいま、日経を含む新聞、ラジオ、テレビ、雑誌のニュースサイトだけでなく、ブログやキュレーションサイトなどが続々現れています。

しかし残念ながらそれらの情報のクオリティは玉石混淆で、信頼できるものから「フェイクニュース」と呼ばれる虚偽の情報まで混在したまま発信・拡散されています。

こうした時代だからこそ、私たちには情報のウソと本物、送り手の「意図」を見極めるメディアリテラシーが、ますます重要になっているのです。

広報担当必見!? 日経が掲載するニュースとは?

私はいまフジテレビで解説委員として、経済・企業ニュースを中心に追いかける仕事をしています。また、前職は金融機関でし

たので、日経との「付き合い」は40年近くに及びます。

　そんなことからか、最近企業の広報担当者と話をしていると、「（自社が）日経に掲載されるにはどうしたらいいんですか」とよく相談を受けます。企業の広報にとって、多くの経営者や企業幹部が読む日経に記事が掲載されることは「栄誉」であり、社内での評価も高まるのでしょう。

「フジテレビの私に相談されてもなあ」と思わず苦笑してしまうのですが、これまで日経の「紙面の作りかた」を研究してきましたので、自身の経験値をもとにあれこれアドバイスさせていただきます。

　本書では、こうした企業広報・PR担当者への手助けになるよう、「日経で記事が掲載されるまで、どのようなプロセスをたどり、どのような意思決定が働くのか」も説明したいと思います。孫子の言葉を借りれば、「彼を知り己を知れば百戦あやうからず」です。

就活生や新社会人、ビジネスパーソンのみなさんへ

「日経をどう読み、活用するか」を知れば、経済やビジネスに対する観察力を強化し、情報過多時代を生き抜くメディアリテラシーも身につけることが可能です。

　メディアリテラシーを高めて就活で勝ち組になりたい学生さん、誰よりも早くビジネスの世界で結果を出したい新社会人、そして

メディアでどうやったら露出できるのか悩んでいる企業の広報・PR担当者のみなさん、ぜひ本書を手に取っていただき、最後までお楽しみください。

フジテレビ元経済部長が毎日実践している
日経電子版の読みかた

CONT

002　はじめに

序　章

スマートな人が「電子版」を読む7つの理由

020　日経は紙でもスマホでも読める
021　全国紙のなかでいち早く「デジタルファースト」に舵を切った
022　パソコンで電子版をチェックしてみよう
025　スマートな人が「電子版」を読む7つの理由
032　「紙派」が指摘する電子版の2つのデメリットとは?
033　ハイブリッドで読むのがベスト
034　日経電子版アプリを賢く使おう
037　COLUMN　ネットの時代は、リテラシーで差がつく

第 1 章

そもそも日経新聞ってなんだ?

- 042 世界最大級の経済メディアグループ
- 043 ビジネスパーソンが日経を読む理由
- 044 日経の読者ってどんな人たち?
- 045 日経の立ち位置は「中道」?
- 048 紙面チェックにかける時間は1日に何分?
- 050 スマホで読むのは、電子版とビューアーどっちがいい?
- 056 COLUMN 私が日経を読み始めたころ

第 2 章

新聞の基本知識をおさえよう

- 060 電子版の登場で変わった重要記事の探し方
- 064 記事の構成について❶ 「見出し」でニュースを知る
- 066 記事の構成について❷ 「リード」で全体像を把握する
- 068 記事の構成について❸ 「本記」は結論ファーストが基本
- 070 新聞の記事はどのように作られている?
- 072 新聞を支える記者ってどんな人?
- 074 デスクってよく聞くけど結局、何をしている?
- 076 見出しをつけるのは記者ではなく「整理部」
- 079 新聞ほど原稿をチェックしているメディアはない!?
- 080 電子版で存在意義が薄れる「版」とは?
- 082 COLUMN ネットニュース 見出しの「落とし穴」とは?

第 3 章

メディアリテラシーを身につけよう

- 086 メディアリテラシーはネット時代の必須スキル
- 087 オリジナリティで新聞を選ぶ
- 089 独自と特ダネ、スクープはどこが違う?
- 091 ジャーナリズムの真骨頂、「調査報道」と「検証記事」
- 093 解説記事は「署名付き」がオススメ
- 094 記者の「生活の場」でもある「記者クラブ」とは
- 098 記者と番記者はどこが違う?
- 100 記者と番組ディレクターの違い
- 101 オンレコとオフレコにみる取材ルール
- 104 情報源の書き方で、記事の信頼度を見極めよう
- 106 文末の表現でわかる情報の確度
- 110 電子版で変わる?「夜討ち朝駆け」
- 112 COLUMN 通信社、週刊誌が担う役割

第 **4** 章

深読み講座
【1面・総合面・経済面】

- 116 電子版も紙もまずは朝刊の全体像を把握しよう
- 120 日経1面の効率的な読み方とは?
- 123 ニュースを深く理解する手助けとなる総合面
- 125 経済面は「花形」である経済部が作っている
- 129 経済部がカバーする「財界」とは?
- 131 COLUMN 「足元」「弱含む」、景気を表す言葉って?

第5章

深読み講座
【企業面・マーケット面・商品面】

- 136 人気No.1の企業面はどう作られているか?
- 139 企業取材の「定型」は日経が作った!?
- 141 企業取材記者の強みと弱み
- 143 スクープが一転……。企業取材の「リスク」とは?
- 144 AI(人工知能)が書いている「決算サマリー」
- 145 マーケット面を読むために必要な株式市場の基礎知識
- 150 市場のプロたちはマーケット面をこう読んでいる
- 155 日経が書くと相場が逆に動くってホント?
- 156 物価情報の宝庫、商品面の読みかた
- 157 若手ビジネスパーソンに推奨したいコラム
- 159 COLUMN ベンチャー広報のメディア・アプローチ術

第6章 日経をもっと活用するための8つのスタイル

164	スタイル❶	電子版にみるビジュアルデータと映像
166	スタイル❷	日経の目指す「アジア戦略」でビジネス感度を高める
169	スタイル❸	オピニオン面でニュースの理解度を深める
172	スタイル❹	「裏(文化面)」から読んで楽しむ
177	スタイル❺	週末は紙で楽しみながら情報収集をしよう
178	スタイル❻	変化球であふれている「月曜の紙面」を愉しむ
179	スタイル❼	景気や業界の動向を広告やチラシから読み解く
180	スタイル❽	意外に多い政治面の隠れファン、その理由とは?
183	COLUMN	「紙の新聞は『見るもの』でもある」

186 おわりに
190 参考文献

序 章

スマートな人が
「電子版」を読む
7つの理由

経は紙でもスマホでも読める

　最近、電車に乗っていて、新聞紙を4つ折りにしながら読んでいるビジネスパーソンの姿を、めっきり見かけなくなりました。
　車内で新聞を読む人の多くは、スマホの紙面ビューアーか、電子版を活用しています。

　日経が電子版を創刊したのは、いまから8年前の2010年。スタート時、日経は紙の購読料とほぼ変わらない価格設定を行ったため、他の新聞社は「どうせ失敗するだろう」と高をくくっていたといいます。
　しかし、その後も日経は、電子版の有料会員、無料会員とも順調に増やしています。
　日経はかつて、紙の購読数が300万部を超えていましたが、2018年6月現在の購読数は、約242万（朝刊）と約60万も減っています。一方で、電子版の有料会員は約60万に増えています。
　つまり紙と電子版を合わせると購読数は約300万となります。紙の購読が減ったぶんは、電子版の有料会員がカバーしているかたちです。
　電子版は無料会員を含む登録ベースだと、400万を超えています。

全国紙のなかでいち早く「デジタルファースト」に舵を切った

　このように日経は、他の大手紙に先んじて、「デジタルファースト」に舵を切りました。
「デジタルファースト」とは、一言でいえば「紙よりも電子版が優先」という経営戦略です。
　では日経が他紙よりいち早く、「デジタルファースト」に向かったのは、なぜでしょう？
　日経は創立当初は経済情報を中心とした「専門紙」でした。そのころ、新聞といえば、政治や事件・事故などの社会ニュースが主流で、経済ニュースは決して「売れる情報」ではなかったといいます。
　日経は朝日や読売に比べると、発行部数で圧倒的に負けていました。しかし日経は他紙に追随するよりも、他紙との差別化を図り、その柱となったのがまさに「経済ファースト」です。つまり日経は、どの大手紙にも負けない経済・企業取材の体制をつくりあげたのです。
　そして、日経が次に目をつけたのが「デジタル化の波」です。
　日経のデジタル事業を担当するある役員は2017年、雑誌『MarkeZine（マーケジン）』（2017年5月号）のインタビューでこう述べています。

「社内にずっと言っているのは、このデジタル事業の部隊だけは

ほぼ"デジタル企業"にならなきゃいけない、ということです。なぜなら、戦う相手がデジタル企業だから。今までのように新聞同士、あるいは雑誌などメディア間の競争とは違う、(中略) プラットフォーマーとも戦うなら、当然同等の人材やスピード感が必要です」

あらゆるメディアにとってネットは主戦場

いま、ネット上のニュース記事の配信ビジネスに、新聞社や通信社、テレビなどマスメディア各社が相次いで参入しています。

さらに、スマートニュース、Yahoo!ニュース、NewsPicks（ニューズピックス）などのキュレーションサイトのなかには、自社独自の記事を配信するサイトも現れました。

いま、あらゆるメディアにとって、ネットは主戦場なのです。

こうしたなかでも日経は、早くから「デジタルファースト」に取り組み、ライバルを大手紙のみならず、グーグルなどプラットフォーマーだと定めてきました。

日経には蓄積された膨大な企業データもあり、デジタル化の流れは日経にとって新たなビジネスチャンスとなっています。

パソコンで電子版をチェックしてみよう

日経の「デジタルファースト」といえば、電子版です。まずは、PCでチェックしてみましょう。

序章 スマートな人が「電子版」を読む7つの理由

電子版の特徴は、最新・アクセスの多い記事がひと目でわかるようになっていることです。
　また、キーワードで関連記事の検索や気になる記事の保存ができます。

　電子版のトップ画面では、日経が重要と判断した全カテゴリの新着記事が一覧できます。
　トップページの上部バナーには、「セクション一覧」や「トピック欄」、「関連機能メニュー」が設けられています。
　トピック欄にあるトピックのどれかをクリックすると、関連記事をまとめて見ることができます。
　関連機能メニューには、「朝刊・夕刊」や「日経会社情報」「人事ウオッチ」「Myニュース」が並んでいます。

　また、画面右側には「速報ニュース」があり、最新ニュースがトップから掲載されています。
「アクセスランキング」もあり、いま読者にどんな記事が最も読まれているのかひと目でわかるようになっています。
　ある企業の広報担当者は、「自社の記事が載ったときには、アクセスランキングをまめにチェックしています」と語っていました。一般の読者はそこまで頻繁にチェックする必要はありませんが、社会がいま何に最も関心や興味を持っているのかを知っておくことは必要でしょう。

スマートな人が「電子版」を読む7つの理由

　日経の記事を読むのに、日経が総力を挙げて取り組んでいるこの電子版を活用しない手はありません。そこで、電子版を読むべき7つの理由と、その活用法についてお伝えします。

理由その❶ 圧倒的な「速報性」

　紙の朝刊に載る記事は、当日の午前1時ごろまで（夕刊は当日の正午ごろまで）の「最新情報」です。

　こうした新聞のもつ「時差」をこれまで埋めてきたのは、テレビの存在でした。新聞記者がどんなに頑張って記事を書いても、速報性でテレビに勝つことはなかったのです。

　しかしいま新聞は、速報メールの配信サービスを行っています。これによって新聞は、テレビとほぼ同時に（ときにはテレビより速く）、第一報を読者に伝えることができるようになりました。

　さらに新聞はネットのサイト上で、続報を伝える記事をタイムリーに掲載できます。つまりネットによって、テレビが新聞に対してもっていた「速報性の優位」は崩れたのです。

　日経の購読者も、電子版でこのメリットを享受しない手はありません。

　そこでオススメしたいのが、「日経ニュースメール」の登録です。

　日経は平日午後6時ごろ、翌日の朝刊1面に掲載される記事を、「日経ニュースメール」として自動配信します。

つまり「日経ニュースメール」に登録すれば、翌日の朝刊が配達される半日前に、1面トップを含めた記事を読むことができるのです。

実は、この「日経ニュースメール」のサービスが始まったとき、マスコミ業界や企業の広報関係者の間ではちょっとした話題になりました。

というのも、それまでの常識では、1面というのは新聞の「顔」であり、他社には事前に知られたくないもの。しかもスクープ記事であれば、他社に追いつかれないよう、ギリギリまで「社外秘」とするのがあたりまえだったからです。

しかし、日経は翌日の紙の1面を飾る記事も、なんと前日の午後6時ごろに公開することを決めたのです。

これによって他社は、日経のスクープ記事を取材して、翌日の朝までに追いつくことが可能になりました。

スクープ記事の前日配信には、日経社内にもさまざまな議論があったと聞いています。

しかし、日経は紙の朝刊1面が他社と横並びになることよりも、電子版でいち早くスクープを出すことを選んだのです。

理由その❷ 社運を懸けた「本気度」

日経が「デジタルファースト」に舵を切ったことは、既にお伝えしました。

これに合わせて日経では、取材現場が「デジタルファースト」に対応できるような組織改革も行ってきました。

つまり現場の記者が取材をして記事を書く際も、紙ではなく電

子版が優先されることになったのです。

そして日経の本気度を最も表す出来事が、1600億円を投資したといわれるイギリスの経済紙『フィナンシャル・タイムズ（以下FT)』を発行するFTグループの買収でした。

FTは、世界でもデジタル化にいち早く対応した新聞です。購読者の約8割が既に電子版といわれ、デジタル紙面の作りかたでは、日経の一歩も二歩も先をいっています。

日経のFT買収には、デジタル編集だけでなく、ビジネス面でもFTから技術を吸収する狙いがありました。

つまり日経は電子版に「社運」を懸け、電子版に次々とイノベーティブな企画を投資・導入しているのです。ですから、日経電子版は「日進月歩」、絶えずリニューアルされています。

さらにいえば、ニュースが24時間眠らないように電子版は24時間休みなくアップデートされます。新聞に休刊日があっても、電子版にはありません。全社を挙げた「本気度」がここにもかい間みえます。

理由その❸ どこでも読める「モバイル力」

新聞をスマホやタブレットで読む「スマホ派」に、「なぜ紙ではないのか」と聞いてみると、答えのほとんどが「どこでも読める」「手軽」「ハンディ」を理由に挙げています。

確かに朝の満員電車のなかで紙を広げて読むのは至難の業ですし、周りの人にとっては「迷惑行為」にさえなりかねません。

スマホの登場で通勤中の情報収集が快適になったのは、日経に限らず新聞の読者にとって朗報でした。

さらに電子版は海外出張中でも旅行中でも、ネットにさえつながれば紙と同じ情報に接することができます。

　ちなみに、ある企業の女性幹部は、スマホやタブレットを利用する理由について、「インクで手やバッグが汚れないのは、女子的に嫌だった点が解消されていい」と答えました。

　かつては、新聞を読み終えると、指が真っ黒になることもありました。これは女性に限らず、誰もが気になっていたところです。

理由その❹ 読みたい記事が見つかりやすい「利便性」

　ネットではキーワード検索をすれば、自分が知りたい、読みたい、気になる記事がすぐに見つかります。

　また、そのトピックの関連記事も簡単に探せます。これが紙の場合には、目を皿のようにして1ページずつめくらないと発見できません。朝の一番忙しい時間にどちらが読むのに便利なのか、答えは明らかです。

　検索機能は2つあり、「記事」検索は日経電子版、朝刊・夕刊、企業情報の記事をまとめて検索するものです。

「株価」検索は、株価のほかその企業の決算情報や最近のニュースを表示します。

理由その❺ カスタマイズができる「オーダーメイド力」

　電子版には、関連機能メニューの最も右に「Myニュース」というカテゴリがあります。

「Myニュース」はその名の通り、自分の気になる記事やトピックをカスタマイズして、自動収集をする機能です。

「Myニュース」を設定し、自分が仕事上必要な、または関心のある企業や業界、キーワードをフォローしましょう。

たとえば、自分の取引先をフォローしておけば、営業の出先でも、その企業の最新ニュースを簡単にチェックすることができます。

さらにコラム(「春秋」「社説」など)や読み物(「私の履歴書」「池上彰」など)も、ここに登録しておけばまとめ読みも可能です(コラムや読み物の詳細は後述)。

「Myニュース」の4つの機能は、次ページ表の通りです。

序章　スマートな人が「電子版」を読む7つの理由

Myニュース、便利な4つの機能

① **キーワードの登録** 興味のあるキーワードに関連したニュースを集める

② **企業・業界の登録** 登録した企業・業界の情報収集を行う

③ **記事の保存** 記事を保存して「あとで読む」ほか、資料として残せる

④ **連載・コラムをフォロー** 読み逃しを防ぎ、まとめ読みが可能になる

つまり「Myニュース」があれば、関連記事の読み逃しを防ぐことができるのです。

トピック（たとえばAIとか働き方改革とか）やお気に入りの連載をフォローすれば、記事を週末にまとめ読みすることも可能です。

また「Myニュース」には、メールによる自動配信サービスもあります。

理由その❻ お手軽な「ファイリング力」

「紙派」の人に「なぜ紙でないとダメなのか？」と聞くと、「紙を切り抜いてファイリングできるから」という答えも多くあります。

私のオフィスにいる解説委員にも、毎日気になる記事をコピー

して切り抜き、ノートに貼るのを日課としている人がいます。

　忙しいビジネスパーソンなら、ファイリングにかかる時間や手間を最小限にしたいはず。電子版ではそのようなアナログ的な手間のかかることをしなくても、記事を読みながらクリップのマークにタッチするだけで簡単に保存できます。

　さらにファイリングする記事は、ハードコピーではないので、紙の劣化とともに記事が読みづらくなるような心配もありません。

　電子版では記事の保存が簡単ですが、紙の感覚で保存をしたい場合は、「紙面ビューアー」を活用すれば切り抜くイメージで保存・表示させることもできます。

理由その❼　映像や画像も楽しめる「エンターテインメント性」

　これまで現場から臨場感をもってニュースを伝えるのに、テレビが新聞に対し「絶対的に優位」な立場にいたのは「映像」があるからでした。

　テレビマンは、新聞記者がどんなにすばらしい記事を書いても、「現場の様子を伝えるには、テレビこそ最強のニュースメディア」と確信していました。しかし、電子版の登場で、そのテレビの優位性も崩れつつあります。

　日経の電子版には「映像」カテゴリがあります。テレビマンからみると、「まだまだ素人レベル」のクオリティですが、ネットによる映像配信技術が日々進化するいま、電子版の映像配信には大きな可能性が広がっています。

　また、電子版には「ビジュアルデータ」カテゴリがあります。SNSのインスタグラムやフェイスブックのように、取材記者が画

像と記事を「投稿」しています。こちらもこれまでの紙の新聞にはなかった、ビジュアル重視の「読み物」として、見ごたえ・読みごたえがあります。

「紙派」が指摘する電子版の2つのデメリットとは？

　では、逆に電子版を使う際のデメリットは何でしょうか。「紙派」は大きく2つの点を指摘します。

デメリットその❶ ニュースの軽重がわかりづらい

「紙派」にとって紙面で読むメリットは、「紙面全体のバランスのなかで、どの記事に重点が置かれているかわかる」ということでした。

　これは長く紙面を読んでいる経験で、どの位置にある記事が重要なのか、自然と理解できるようになるからです。

　一方、電子版では時系列でも記事がトップに入ってくるため、一覧してもニュースバリューの軽重がわかりづらい部分があります。

デメリットその❷ 関心ある記事しか読まない

「紙派」が紙のメリットとして挙げるもう一つの点は、「紙面をみると自分に関心がない記事も自然と目に飛び込んでくる」ことでした。

これによって、自分が知らない、関心がなかったニュースについても、「気付く」ことができるというのです。
　一般的にネットの読者は、自分が関心のある記事を次々にクリックして読み、関心のない記事は目に入らず読み飛ばす傾向があります。
　電子版も意識してさまざまな記事を読まないと、「気付き」のメリットを失うことになります。

八　イブリッドで読むのがベスト

　ここまでお伝えしたように電子版、紙ともに、メリットとデメリットが存在します。
　紙には朝刊、夕刊を合わせて1日約300本の記事が載っています（一方、電子版独自は約600本で、日経トータルでは1日約900本あります）。これをすべて読むのは不可能ですが、見出しだけ「流し読み」をすれば社会の情勢がつかめますし、気になった記事はリードまで読むと概要がほぼ理解できるようになります。
　紙には一覧性、そして自分がこれまで関心がなかった分野の記事にも気付くというメリットがあります。
　一方、電子版の強みは、なんといっても速報性、検索力と保存性です。
　ただ、電子版には、自分が関心のある記事しか目を通さなくなるというデメリットもあります。

序章　スマートな人が「電子版」を読む7つの理由

このように紙と電子版は、それぞれ強みと弱みがあるので、ハイブリッドに「いいとこどり」をすればいいのです。

経電子版アプリを賢く使おう

移動中のわずかな時間を惜しんで情報収集をしたいなら、「スマホファースト」です。スマホで電子版を読むために、「日経電子版アプリ」をダウンロードしましょう。アプリには「日経電子版」「朝刊・夕刊」と「Myニュース」の3つのコンテンツがあります。「朝刊・夕刊」は、紙と同じ構成になっていて、1面・総合・経済など、紙をめくる感覚で読むことができます。

各面は、紙のトップ記事が画面のトップにあります。ほかの記事は、ニュースバリューの高い順にトップから並んでいます。「日経電子版」の「トップ」カテゴリは、経済・政治など分野に関係なく、出来上がった記事が掲載されていきます。

ただし、時系列で新しい記事がトップから並んでいるわけではなく、よく読まれる記事は上のほうにあり、読まれないと「淘汰」されて下のほうになっていきます。つまり「日経電子版」もYahoo!ニュースなどのキュレーションサイトと同様、トップ記事が時間の経過や読者の関心の大きさによって、どんどん変わるのです。

一方、「朝刊・夕刊」は、翌日の紙が出るまで変わりません。

日経電子版アプリの画面イメージ

iOS版

iOS版とAndroid版とで、アプリの仕様は微妙に異なる

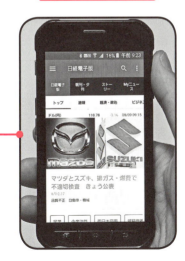

Android版

序章　スマートな人が「電子版」を読む7つの理由

そういう意味では、全く時間軸が異なるメディアといえるかもしれません。

「速報」カテゴリでは、最新ニュースがトップに掲載されていきます。見出しをみると、「〇分前」と掲載時間の表示があり、どのニュースが最も新しいのか、「記事の鮮度」がひと目でわかります。

テレビで画面上に出る「速報」は、大きな事件や事故、自然災害など、緊急性の高いものに限られます。しかし、こちらの「速報」は、出来上がった記事が分野・緊急性を問わず、タイムリーに掲載されていきます。

本稿執筆中、Android版には新しく「ストーリー」というページも追加されました。旬なネタや人、企業の連載記事やインタビュー、名物コラム「私の履歴書」などがまとめられています。

このように日経電子版は日々進化しており、日経の読者は電子版も使いこなせるようになれば、まさに「情報無双」といえるでしょう。

COLUMN

ネットの時代は、リテラシーで差がつく

　ここでネットニュースの歴史についておさらいします。

　といっても、その歴史は90年代半ばから、20年程度のものです。

　インターネットの時代の到来とともに、日経や朝日がニュースサイトを開始し、Yahoo!ニュースが始まったのが1996年でした。その後を全国紙、地方紙が追いかけ、新聞記事の一部がネットに流れるようになりました。産経もネットに乗り出したのは早く、当時画期的だった紙面ビューアーのサービスを開始しています。独立系ネットニュースの草分け的な存在だった、J-CASTニュースの創始者・蜷川真夫会長に当時の話をうかがいました。

　蜷川氏よると、黎明期(れいめいき)のネットニュースの多くは、新聞からの記事の転載だったといいます。

「先行メディアの模倣(もほう)から始まったのは、コストをかけないでサービスを始めるという、経営的に考えると仕方なかったと思います。テレビがかつて新聞から学び、独自のスタイルを確立したようにです。ネットはストレートニュースで、記者クラブにいる新聞やテレビに敵わない。そこでネットの事業者は独自の記事を入れ始め、ネットは雑誌のようにさまざまな情報であふれました。新聞社のネット参入から10年たったころです」

　そして2000年代半ばにブロードバンド（大容量の情報が高速

で送受信可能な通信網)の時代がくると、ネットニュースに画像や動画が徐々に導入されるようになりました。2016年にはネット業界を揺るがしたWELQ問題(医療系サイト「WELQ」が記事盗用や不正記事の掲載を行った問題)が起こりましたが、これが転機となり、ネットニュース業界では、記者の原稿をチェックする態勢を強化します。

　当時多くのネットサイトは、書いた原稿がそのまま掲載されていました。しかし、J-CASTのように新聞や雑誌の経験者がいる事業者は原稿をチェックするデスクを置いていて、ネットニュース業界はそれに倣うようになります。まさにこのころ、ネットニュース全体が進化したといえます。

　こうして進化を続けるネットニュースを見ながら、蜷川さんは「情報の量において、いまネットは紙媒体(新聞・雑誌)を超えたのではないか。いずれ質も紙を超える日がくる」と言います。

　と同時に蜷川さんは、「そもそもネットはさまざまなものが混在する。だから読者はメディアリテラシーを高めないといけない」と警鐘を鳴らしています。

　インターネットの登場とともに、情報はマスからパーソナルへと移り、iPhoneなどスマホの登場でさらに進化して、情報はパーソナルかつモバイルになりました。

　つまりスマホ1台あれば、いつでもどこでも、いくらでも情報を入手することが可能になったのです。

「デジタルネイティブ」な世代にとっては、こうした状態が「日常」になっているのですが、一方で「ネットの海」にはフェイクニュースや不正確な情報が混在しているリスクがあります。

メディアリテラシーとは、メディアが発信する情報を読み解く能力であると同時に、このリスクを関知し、情報を選ぶ能力ともいえます。

後ほど第3章で触れますが、信頼できるメディアにふだんから接し情報収集をしているかどうかで、ビジネスの成否も分かれます。

近い将来、メディアリテラシーが低い人にとっては、ますます厳しい時代がやってきます。なぜなら、スマホ以上の情報端末が現れれば、私たちはさらに大量の情報に接することになるからです。

リテラシーの低い人は、情報を整理しきれず、フェイクニュースや不正確な情報を鵜呑みにします。これではビジネスパーソンとして「選ばれる人」になるのは、とても難しいといえます。

みなさんは、「いま自分はリテラシーによって差がつく時代にいる」ことを覚えておく必要があります。

第 1 章

そもそも
日経新聞ってなんだ？

世界最大級の経済メディアグループ

「日本経済新聞」の始まりは、1876年。

大手商社である三井物産の一角で、「中外物価新報」として生まれ、1946年に「日本経済新聞」となりました。

現在の紙の販売部数は、約242万部（2018年6月）。電子版の有料会員数約60万を合わせると購読数は300万を超えます。

世界第3位の経済規模をもつ日本で、最大の経済紙であるということは、イコール世界でもトップクラスの経済紙です。

FTを買収したいま、日経グループは名実ともに世界最大級の経済メディアグループになったといえるでしょう。

その社員は国内外に約3000人（2017年12月末現在3021人）。そのうち国内54拠点、海外37拠点にいる1000人以上の記者が、日本はもちろん世界各国で日々発生する政治・経済、金融、ビジネスなどの動向を追いかけています。

私は「日本経済新聞」に改題した当時の経営陣は、すばらしい先見性と経営戦略をもっていたと思います。

というのも、新聞の名前に「日本」と「経済」という言葉を使ったことで、経済に特化した新聞として他紙と差別化できただけでなく、経済ニュースについては日本一だという矜持を示せたからです。

ビジネスパーソンが日経を読む理由

　ビジネスパーソンにとって、取引先やライバル企業の経営戦略、あるいは人事の正確な情報を早く入手することは、自社のビジネス構築や自分自身のキャリアアップに欠かせません。

　本書を執筆するにあたって、私はビジネスの最前線で働くビジネスパーソンに「日経を読んでいるか」「なぜ日経なのか」を聞きました。

　その答えは後々細かく触れていきますが、ほとんどの方が、社会人になって以来（または大学生時代から）日経を毎日欠かさず読んでいて、日経に対する信頼は多メディアの時代になったいまでも変わっていないといえます。

　つまり、多くのビジネスパーソンにとって、日経を読むことは毎日の「ルーティン」なのです。

　では、ビジネスパーソンは、日経について、具体的にどんなイメージをもっているのでしょう。

　最も多かった答えは、「経済に強い」「企業情報が詳しい」でした。さらに「社会人にとって必須」「公平で中立」という答えも多く聞かれました。

　また、「年上の方と話すうえでの共通認識ツール」（IT企業の20代CEO）、「日経の1面トップ記事を読んでいないと、その日の雑談で恥ずかしいことになる」（企業女性幹部）という答えもあ

りました。

　つまり「ビジネスツールとして日経は必需」というのが、ビジネスパーソンの「常識」なのです。

経の読者ってどんな人たち？

　日経の読者はどのような人たちでしょうか？
　日経が公表している「メディアデータ」を読むと、購読者がどのようなプロフィールなのかがわかります（2017年10月調査実施。全国の男女2万8800人が対象）。
　まず都道府県別の販売部数をみると、購読者は1都3県、愛知、大阪、兵庫、福岡など、大手企業の多い地域に集中しています。
　購読者の中心は40代を中心とする企業のミドル層で、ホワイトカラーと経営・管理職の比率が高く、課長・係長以上の役職者が、4割強を占めています。
　世帯年収をみると、3割強が1000万円以上で（全体では2割弱）、平均年収は910万円（全体平均は680万円）です。
　さらに、世帯の平均金融資産は2420万円（全体平均は1490万円）です。

日経に対する読者からの評価とは？

　購読者の日経に対する評価はどうでしょうか？
　他の大手紙や経済誌、テレビ、ニュースサイトと比べると、「ビ

ジネスに役に立つ」と答えた人は73.4%、「産業界に影響がある」が66.2%、「取引先との話題作りになる」が63.0%と、いずれもダントツとなっています（2017年12月調査。日経読者500人が対象）。

日経を読んでいる就活生は「意識高い系」!?

ちなみに、就活生に気になるデータがあります。

日経が大学3年生以上の男女計206人に「就職での企業研究について、信頼できる情報を提供しているメディア」を尋ねたところ、「日経」と答えた学生は72.6%となりました。

そのほか、「将来、役員以上を目指している」と答えたのは、日経を読んでいる学生26%に対して、読んでいない学生は16%。「ITスキルの向上に努めている」は、読んでいる学生62%に対して読んでいない学生37%。
「英語で日常会話ぐらいはこなせる」は、読んでいる学生61%、読んでいない学生は33%でした。

この調査によれば、就活生で日経を読んでいるのは、明らかに向上心のある「意識高い系」だといえるでしょう。

経の立ち位置は「中道」？

新聞やテレビは、「不偏不党」で「公平中立」であることを謳っています。かつては読者や視聴者も、新聞やテレビが中立かつ客観的な立場から報道していると信じていました。しかしいま

や、これを信じる人はほとんどいないと思います。

マスコミ各社には、それぞれ特定の政治的スタンス（またはカラー）があります。

これをざっくり、憲法改正や原発再稼働などに対するスタンスをもとに、保守（右派）とリベラル（左派）で分けてみたのが、下図です（あくまで私見です）。

こうした分け方は多少乱暴ですが、みなさんの感覚とそう変わらないかと思います。

たとえば憲法改正について読売・産経と朝日・毎日を読み比べると、紙面の論調・構成がはっきり異なっています。それは社論・社説に最も表れますが、専門家や街の声を取り上げる際も、それぞれが自社の持論に近い・沿った意見を多く取り上げるので、その立ち位置ははっきりわかります。

各メディアの政治的スタンス

中道（中立）
日経　時事　NHK　テレビ東京

リベラル（左派）
毎日　朝日　共同　TBS　テレビ朝日

保守（右派）
産経　読売　日本テレビ　フジテレビ

メディアによって「政権支持率」は大きく変わる!?

ここに興味深い世論調査があります。

報道系ベンチャーのJX通信社が、2018年6月23・24日の両日に東京都内で世論調査を行いました。

そのなかで、新聞読者別の安倍政権支持率を調べたところ、大手紙ごとにはっきりとした傾向がみえました。

この調査によると、産経新聞の読者は政権支持率が72%に達した一方で、朝日新聞、毎日新聞ともに23%となっています。

一方、「支持しない」と答えた読者は、産経新聞が約2割なのに比べて、朝日新聞、毎日新聞ともに7割以上に達しています。

こうした読者の傾向は、各紙の報道姿勢の「立ち位置」、日頃の記事の書きぶりが反映されているといってもいいでしょう。

さて、日経ですが、基本的に政治的に「中道（中立）」スタンスだといわれています。

経済界に近い日経は、かつて「財界の広報紙」などと揶揄されていました。いまも、原発に対するスタンスなどは財界寄りといわれていますが、一方でコンプライアンスや環境問題などについては厳しい姿勢で臨んでいて、「是々非々」のスタンスといってもいいのではないかと思います。

安倍政権に対して日経の購読者は、先ほどの調査で支持率が51%、不支持率が46%とほぼ拮抗しています。

日経の安倍政権へのスタンスも、是々非々であることが購読者の志向からもうかがえます。

また対外的には、保守はアメリカ寄り、リベラルは中国寄りといわれています。経済活動の観点からみれば、ある一国にスタンスが寄らないのが好ましく、この点からも日経は「中道（中立）」的な立場といえるでしょう。

紙面チェックにかける時間は1日に何分？

　ビジネスパーソンであれば、毎日、メディアから情報収集するのに使える時間はせいぜい1時間。

　しかも、さまざまな経済・金融メディアの台頭により、日々流通する情報量は絶対的に増えています。

　たとえ日経であっても、「もはや1媒体、昔のように読むのに時間をかけられなくなった」（企業幹部）というのが、ビジネスパーソンの本音でしょう。

フジテレビ元経済部長が実践しているニュースチェックの方法

　私にとってもニュースのチェックは、朝の1時間が勝負です。

　職業柄、日中もさまざまなニュースに日々触れていますので、起床から出勤までの時間には、NHKとフジテレビ、日経の紙面で、自分が知らなかったニュースはないかをチェック。

　通勤中はスマホで日経電子版、Yahoo!ニュース、産経プラス、ニューズピックスなどで、見落としたニュースや気になった解説記事などに目を通します。ですから私が毎朝、日経のチェックに

かける時間は、十数分程度となります(「あとで読む」は除く)。

どんなビジネスパーソンでも、朝のニュースの情報収集は一日1時間が限度ではないでしょうか。

私が話をうかがったビジネスパーソンは、日経のほかにもさまざまなメディアを併用していました。

なかでもよく名前が挙がったメディアは、東洋経済オンライン、

フジテレビ元経済部長が実践するニュースチェックの方法(平日朝)

15分コース(通勤+移動中)

①	日経電子版	【朝刊】1面→総合1→総合2→政治→経済(見出しななめ読み・コラムや特集は「あとで読む」保存) トップ→速報→経済・政治→ビジネスほか(見出しななめ読み)
②	Yahoo!ニュース	見出しななめ読み

30分コース(自宅+通勤)

①	NHK、フジテレビ(自宅)	冒頭ラインナップ確認
②	日経・紙(自宅)	1面→総合→政治→経済→企業 (見出しななめ読み・コラムや特集は「あとで読む」)
③	日経電子版(通勤時)	トップ→速報→経済・政治→ビジネスほか (見出しななめ読み)
④	Yahoo!ニュース(通勤時)	見出しななめ読み
⑤	産経プラス(通勤時)	紙面→総合

第1章 そもそも日経新聞ってなんだ?

60分コース（自宅＋通勤）

①　NHK、フジテレビ（自宅）　全国ニュース

②　日経・紙（自宅）　1面→総合→政治→経済→企業ほか
（リードも含め関心あれば本記・コラムや特集も）

③　日経電子版（通勤時）　トップほか（リードも含め・コラムや特集も）

④　Yahoo!ニュース（通勤時）　見出しななめ読み（関心あれば本記も）

⑤　産経プラス（通勤時）　紙面→総合

⑥　各ネットニュース（通勤時）　（東洋経済オンライン、ニューズピックス、スマートニュース、FNN.jpなど）
時間の許す限り見出し→関心あれば本記も

ニューズピックス、FT、ブルームバーグです。

　特にFTやブルームバーグは、「日経だけでは物足りない海外からの視点を補足するため」、ニューズピックスは「識者のコメントを参考にしたいため」、併用しているとのことでした。

スマホで読むのは、電子版とビューアーどっちがいい？

　私は通勤中スマホで日経電子版をチェックしていると書きまし

スマホで読むのはビューアー？ 電子版？

ここをタップすると、「キーワード管理」ができる

見出しや記事をダブルタップすると記事が拡大表示される。また、記事を選択すると、「記事ツール」が表示され、記事の保存やウェブ画面上で閲覧、関連記事の確認などができる

ビューアー

ページの早めくりができる

ビューアー（紙面）の見出しと少し異なる

電子版

第 1 章　そもそも日経新聞ってなんだ？

たが、紙面ビューアーを読むこともあります。

　紙面ビューアーは紙面のイメージをそのまま表示し、朝刊・夕刊の紙面を読む感覚で閲覧できる機能です（一部の紙面はみられません）。

　ですので紙面ビューアーを活用すれば、序章で書いたように、モバイル力を活用しながら、電子版に欠けている「一覧性」と「気付き」のメリットを享受することが可能です。また紙面ビューアーでは、直近30日の紙面イメージがみられます。

紙面ビューアーのメリット「ローカルネタが気軽にチェックできる」

　紙面ビューアーは、ほかにもメリットが2つあります。

　1つは、全国22ブロック（後述）の地方面＝「地域経済」を読

読むことができる地方面（＝地域経済）の一覧

- 北海道経済
- 東北経済
- 新潟経済
- 長野経済
- 北関東経済
- 首都圏経済
- 首都圏千葉
- 首都圏埼玉
- 首都圏東京
- 首都圏神奈川
- 静岡経済
- 中部経済
- 北陸経済
- 関西広域経済
- 関西・京滋
- 関西兵庫
- 関西経済
- 中国経済
- 広島経済
- 四国経済
- 九州経済
- 沖縄九州経済

めることです。

　電子版でも、「地域」カテゴリで地方発信の記事を読むことは可能ですが、やはりご当地情報的な「ローカルネタ」をチェックするには、ビューアーのほうが一覧性で優っています。また、出張先でご当地トピックをちょっとチェックするのにもオススメです。

　上の画像は地域経済のなかの「広島経済」です。ローカルネタが閲覧できるだけでなく、広告欄もローカルのものが掲載されており、意外なネタが拾えることもあります。

紙面ビューアーのメリット「記事が自動でハイライトされる」

　さらにビューアーには、「キーワード管理」機能があります。自分がチェックしたいキーワードを登録しておけば、そのキーワードを使っている記事が自動的にハイライトされます。こうした機能を使っていけば、紙面を効率的にチェックできます。

　ちなみに私がスマホで、ビューアーをチェックするのは、自宅で紙を読み逃したときや出張先などに限られるので、電子版との割合は9：1程度です。

　これには別の理由があり、スマホでビューアーを読むのは、私には画面が小さくて、記事を拡大したりスライドして読むのが面倒なのです。

　ある企業の幹部は、寝室にタブレットを持ち込んで、朝ベッドの上で紙面ビューアーを読んでいるそうです。ほか、通勤中にタブレットで紙面ビューアーを読むという人もいます。

　タブレットの重さやかさばり方が気になりますが、これは個人のライフ＆通勤スタイルに合わせた使い方をすればよいのではないでしょうか。

　紙面ビューアーはPCでも読むことができます。朝刊と夕刊をみるには、トップページのメニューバーにある「朝刊・夕刊」を押し、「紙面ビューアー」を起動します。

　また、起動した紙面ビューアーの左上に日付タブが表示されるので、直近30日の紙面イメージをみられます。

キーワード管理でハイライトができる

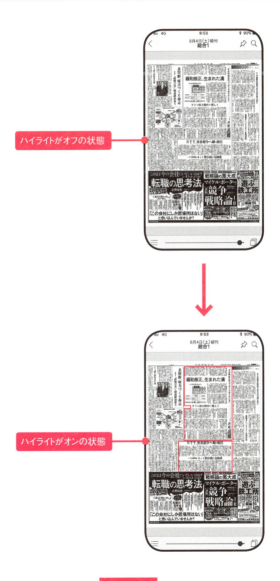

第 **1** 章　そもそも日経新聞ってなんだ?

COLUMN

私が日経を読み始めたころ

　私が日経を読み始めたのは、就職を意識しだした大学3年生のころです。当時会社員だった父親が、「就職を考えるなら、日経を読まなければだめだ」と言いだし、それまで朝日新聞だけだった宅配に日経を加えました。

　学生だった私にとって日経は、読み始めたころは「専門用語ばかりで、お堅い新聞」という印象でした。

　しかし当時も日経を読むのは「就活の常識」といわれていて、嫌々ながらも毎朝、日経に目を通すようになりました。

　読み始めたころは、「私の履歴書」など文化面やスポーツ面、書評欄を中心に読んでいました。

　そのうち興味があった政治面にも目を通すようになりましたが、朝日新聞と読み比べると、同じ出来事でも論調が異なっていることに驚いた記憶があります。

　ただ、当時はメディアリテラシーという言葉を知らず、新聞は公正中立なものと信じていて、まさか新聞ごとに政治的なスタンスが異なるなど思いもしませんでした。

　就活が本格化すると、志望業界や企業の記事をチェックするようになりました。当時は日経を読んでいるだけで、社会人に近づいたような気分になったものです。

　1985年に農林中央金庫に就職しましたが、当時はインターネッ

トがない時代です。経済ニュースの情報源といえば、大手紙やテレビ（NHKとテレビ東京）、経済専門誌くらいだったので、日経は金融マンにとって必読でした。

外為ディーラーとして働き始めた私は、金融市場の動きについて、朝レポートを発表するのが日課でしたから、早朝から日経やNHKなどの経済ニュースをチェックしました。

終わったばかりの前日のニューヨーク市場の動向は、金融端末から英語の情報を引っ張り出して、専門用語に頭を抱えながらレポートを作ったものです。

フジテレビに入社後、特に経済記者になってからは、日経の記事を毎日、隅から隅までチェックしました。

朝刊の早刷りにスクープ記事が出ると、デスクからたたき起こされ、記事を追いかけるため未明から取材を始めることもありました。

取材現場では、他社を圧倒する日経の取材体制の厚さに、何度となく驚かされ、羨ましく思ったものです。

第 2 章

新聞の基本知識を
おさえよう

電子版の登場で変わった重要記事の探し方

　新聞の紙面を読む場合、みなさんはどの記事から読み始めますか？

　忙しいビジネスパーソンなら、「その日で一番重要と思われる記事から」が答えになると思います（「文化面」という方も一部いるかもしれませんが）。

　では、紙と電子版では、それぞれどうやって「その日の一番重要な記事」を探すことができるのでしょう？

　紙の紙面では、どの記事が一番重要な（ニュースバリューが高い）記事なのか、紙面のレイアウトによってわかるようになっています。

　各紙面で右の上にある記事は、最も重要な「トップ記事」と呼ばれています。なかでも1面は、すべての紙面のなかで、最もニュースバリューの高い記事が集められているので、1面のトップにある記事（「1面トップ」といいます）は、新聞社がその日のニュースで最も重要だと位置づけているものになります。

　トップ記事の次に重要な記事は、トップの左隣か左下に置かれます。その次となるとだんだん紙面の下のほうに置かれることになります。

　しかし、社会を揺るがす大きなニュースになると、紙面全体にトップ記事の関連記事が並び、さらに別の紙面でも関連記事を展

開することになります。こうした関連記事は「サイドストーリー」と呼ばれますが、背景の解説を中心に、記者会見や当事者・関係者インタビュー、ふだん聞きなれない専門用語の解説などがふんだんに盛り込まれます。

電子版は初めて新聞を読む人にもニュースバリューがわかりやすい

　この構造は基本的に、電子版の「朝刊・夕刊」も変わりません。

　電子版の「朝刊・夕刊」の場合は、紙に準じてニュースバリューの高い順番に、トップから下に並んでいます。

　つまり電子版で「朝刊・夕刊」を読む場合は、トップから下に向かって読んでいけばいいので、新聞初心者にもニュースバリューがわかりやすいといえます。

「日経電子版」のトップ記事が紙面のトップ記事と異なる理由

　ただ、これが「日経電子版」になると、様相が一変します。

　電子版の「トップ」カテゴリでは、記事の並び順には、ニュースバリューの軽重のほかに、掲載時間（「記事の鮮度」ともいいます）やアクセス数（「読者に読まれているかどうか」の目安）などの要素が入ってくるのです。

　ですから電子版で「トップ」カテゴリを読む際は、トップにある記事は「ビジネスパーソンの関心がいま最も高い記事」だということも頭に入れて読んでみてください。

　電子版の「速報」カテゴリは、時系列で「出来立て」順に並んでいますが、そのほかのカテゴリについては、「トップ」と同様、

日経が判断するニュースバリューのほかに、掲載時間やアクセスの多さなどで並び順が変わります。

つまり電子版が紙と大きく違うのは、記事の並び順にアクセス数と掲載時間という新たな要素が加わったということです。

新聞社は「ニュースバリュー」をどう判断している?

新聞社やテレビは、ニュースバリューの判断を何に基づいて行っているのでしょうか?

その価値判断には、大きく次の3つの要素があります。

①珍しい出来事か?
②社会的に大きなインパクトがあるか?
③我々の生活に身近であるか?

たとえば事件や事故、災害などは、日常的に起こるものではなく、発生すれば我々の社会や生活に大きなインパクトを与えます。また、大きな政治・経済の動きも同様です。

新聞やテレビでは、報道の「プロ」たちが、こうした要素をもとに、日々起こるさまざまなニュースのバリューを判断し、どう報道していくかを決めていきます。

彼らは取材記者やデスク(役割は後述)などとして、長年にわたってニュースをみてきた経験をもつ報道のプロなので、第一報を聞いた瞬間にニュースバリューを判断する訓練を積んでいます。

一方、SNSやブログによって「誰でもメディア」の時代がくると、これまでプロにしかできないと思われていたことが、誰でも

できると思われるようになりました。しかしそれに大きな誤解があることは、次章で触れたいと思います。

他社の報道ぶりはやっぱり気にしている

　実はニュースバリューの判断には、先ほどの3つの要素以外に、他社の報道ぶり、というものがあります。

　報道のプロとはいえ、他社が同じニュースをどのように報道しているのかは気になります。自社が突出してそのニュースを取り上げたり、逆に扱いが極端に小さかったときなどは、横並びになるよう、扱いの大きさを調整するというケースもあります。

　また、ニュースバリューには、ネガティブなインパクトのほうが、ポジティブなインパクトに勝る、ということもあります。

　ある経済閣僚が以前、私にこんなことを言いました。
「鈴木さん、マスコミは株価が下がったときは大きく取り上げるのに、上がっているときはそれほどニュースにしてくれないんだよね」

　確かに株価が下落したり、景気が悪化すると、マスコミは大きく取り上げて政府の失策だと書くのに、景気がよいときはそれほど大きく取り上げません。

　しかしこれは、決して政府に対して批判ありきで報道しているのではなく、読者や視聴者の傾向として、ネガティブなニュースには反応が早いのに、ポジティブなニュースには反応が鈍いことを、メディアがよくわかっているからです。

記事の構成について ❶ 「見出し」でニュースを知る

　お伝えしてきたように、記事には見出しがあります。見出しとは、記事の内容のエッセンスです。

　私は朝、1面から順番に紙面の見出しを流し読みして、気になる記事をチェックします。

　見出しを読めば、本文を読まなくても記事の概要が理解できます。朝刊は30〜40ページあるのですが、経済、政治、国際、社会面の見出しだけであれば、数分で済みます。

　一方、見出しをつける側からすれば、忙しいビジネスパーソンにいかに記事を読んでもらうかが勝負です。

　見出しはコンパクトで、記事の概要がひと目でわかるものでなければいけません。文字数は、最大10字程度でしょうか。これ以上長い場合もありますが（特に横の見出しの場合）、多くを伝えられる一方で視覚的な訴求力は弱まります。

　また、視覚的に目立つように、文字の大きさや字体、デザインやレイアウトも工夫されます。

　テレビにとっての見出しは、ニュースの冒頭でアナウンサーが原稿を読む際に、画面下に「タイトル」として表示されます。

　こちらも、文字数は最大10字がめど。タイトルが表示されるのは10秒程度なので、この時間内に読めて、かつニュースの内容をわかりやすく伝えることが求められます。

1面トップの見出しとリード

1面トップの見出し： 楽天、損保に参入　野村系を買収　顧客データ活用

リード文。5W1Hが簡潔にまとめられている

楽天は野村ホールディングス（HD）傘下の損害保険会社、朝日火災海上保険（東京・千代田）を買収する。400億〜500億円を投じ、今夏をメドに完全子会社化する。楽天が持つIT（情報技術）や9000万人超の顧客データを生かし、新しい保険商品を開発する。金融とITを組み合わせた「フィンテック」の普及で、膨大な消費者データを持つネット企業が金融業界の一翼を担いつつある。

2018年1月29日の朝刊1面

同記事の電子版

楽天が損保参入　野村系の朝日火災買収、通販活用

金融機関　ネット・IT　M&Aニュース
2018/1/29 2:00 [有料会員限定]

楽天は野村ホールディングス（HD）傘下の損害保険会社、朝日火災海上保険（東京・千代田）を買収する。400億〜500億円を投じ、今夏をメドに完全子会社化する。楽天が持つIT（情報技術）や9000万人超の顧客データを生かし、新しい保険商品を開発する。金融とITを組み合わせた「フィンテック」の普及で、膨大な消費者データを持つネット企業が金融業界の一翼を担いつつある。

ネット企業が相次ぎ金融参入
LINE
■ 決済サービス「LINEペイ」を提供

第 2 章　新聞の基本知識をおさえよう

見出しは記事のエッセンスである

実際の朝刊の記事を例に挙げてみます。

2018年1月29日の朝刊は、1面トップに楽天が損保会社を買収するというスクープ記事が掲載されました。

見出しは、大文字で「楽天、損保に参入」。

さらに「野村系を買収　顧客データ活用」と続きます。

買収は企業の経営戦略のなかでもトップ人事と並ぶ「最高機密」ですから、記者にとっては最難関の取材といえます。

それだけに買収のスクープ記事は、年に数回あるかどうかというもので、大きなニュースバリューがあります。

見出しは記事のエッセンスなので、この記事の内容をもう少し詳しく知るためには、次にリード（前文）を読む必要があります。

記事の構成について❷ 「リード」で全体像を把握する

リードとは、本記（本文）の要約です。通常、各面のトップ記事で、本記と独立して置かれます。

ここには記事の内容が簡潔にまとめられているので、忙しいビジネスパーソンはリードだけでも読めば、最低限必要な情報、つまり5W1Hはわかるようになっています。

リードから見えてくる「5W1H」を意識しよう

先ほどの記事のリードをみてみましょう。

「楽天は野村ホールディングス（HD）傘下の損害保険会社、朝日火災海上保険（東京・千代田）を買収する。」
「400億〜500億円を投じ、今夏をメドに完全子会社化する。」

　リードは、5W1H（いつ＝when、どこで＝where、誰が＝who、何を＝what、なぜ＝why、どのように＝how）の説明です。

　ここでは、「いつ（今夏）」「誰が（楽天が）」「何を（朝日火災海上保険を買収する）」「どのように（400〜500億円を投じ）」と説明されています（この場合「どこで」はあまり重要ではない）。

　特に買収案件では、「規模」と「時期」が注目されます。この記事では買収額に幅があるものの、「400億〜500億円」「今夏」と情報が盛り込まれています。

　リードで、次にあるのがこの2文です。

「楽天が持つIT（情報技術）や9000万人超の顧客データを生かし、新しい保険商品を開発する。」
「金融とITを組み合わせた『フィンテック』の普及で、膨大な消費者データを持つネット企業が金融業界の一翼を担いつつある。」

　この2文で、「なぜ」にあたる「背景（買収の狙い）」と、「今後の展開」を説明しています。

　このようにリードだけで読者は、数十秒でこの買収の概略を把握することができます。

「リード」から情報源や情報の入手日時も見えてくる!?

　一方、このリードでは、買収が楽天による正式発表でないこともわかります。

「買収する」とありますが、「買収すると発表した（明らかにした）」とは書かれていないからです。

　楽天による正式発表は、同社のプレスリリースによれば、記事が掲載された29日の15時でした。

　つまり日経は、楽天が正式発表をする少なくとも半日以上前（場合によっては数日前）に、この情報を入手していたと推察できます。

　テレビのニュース番組では、スタジオでアナウンサーがニュースの冒頭に、10秒程度読み上げる原稿がリードです。

　このリードも新聞と同じく5W1Hを基本に、最も必要な情報を簡潔に視聴者に伝えるようにしています。

記事の構成について ❸ 「本記」は結論ファーストが基本

　本記というのは、本文のことで、記事の本体となる部分です。

新聞記事は忙しいビジネスパーソンのために工夫されている!?

　私たちは学生時代、文章を書くときは、「起承転結」の順番で書くよう教わってきました。

　しかし新聞の本記は、重要度の高い情報から順番に書かれてい

ます。

　つまり新聞の記事は結論ファースト、「結」が最初で「起承転」と続き、短い時間で読者に記事の内容を理解してもらえるようになっています。

　この理由は簡単で、新聞の読者は（特に日経の読者は）忙しいビジネスパーソンが多いので、結論を先に書かないと読んでくれないからです。

　ですから本記は、記者や編集者が「これだけは知らせたい」情報から書かれています。つまり、記事の後ろにいけばいくほど、周辺情報や振り返り（過去こういうことがあったというような情報）など、情報の重要性は下がっていきます。

　結論をいえば、忙しい時間のなかで記事の概要を知るには、見出しとリードを読めば十分、さらに詳細が知りたい場合でも、本記の前半部分を読めばほぼ大丈夫ということになります。

解説やコラムは起承転結になっている

　こうした事実関係をメインに伝える記事は「結起承転」となっていますが、一方で解説やコラムは、通常の文章と同じ「起承転結」となっていて、時間をかけてじっくり読ませる構成になっています。

新聞の記事はどのように作られている？

　新聞に載っている記事は、どのように作られるのでしょう。テレビと意外と似ているところ、全く違うところがあるので、対比しながら説明してみます。

　新聞の大きな流れは、次ページの図のようになっています。

　一方テレビの場合は、記者・デスクは同じ役割を担っていますが、さらに映像を撮影するためのカメラマン、録音するための音声担当など、技術スタッフも加わります。

　また、デスクがチェックした原稿は、番組スタッフに渡され、そこでさらに担当ディレクターやプロデューサーのチェックを何重にも受けます。

　さらに、画面上に出てくる「文字タイトル」をチェックするための担当者もいます（フジテレビでは「タイトルさん」と呼んでいます）。

新聞でもテレビでも複数のチェックが入る

　このように新聞やテレビでは、記者が現場で取材し、つかんだ情報を原稿にしてから、読者・視聴者の目に触れるまでに、さまざまな人のチェックが入ります。

　その過程で、原稿の事実誤認や誤字脱字が訂正され、誰もがわかりやすい記事・放送になるよう整えられていくのです。

　いまネットニュースでは、ジャーナリストを自称する多くの人

新聞記事が読者に届くまで

記者 → 取材をして情報を集め、その情報をもとに記事の原稿を書きます

デスク → 原稿を受け取り、事実関係に誤りがないかなどチェックし、必要があれば訂正して記事として整理部に渡します

整理部 → 記事に見出しをつけて、紙面を組みます

校閲 → 記事に誤字脱字などがないか、チェックします

印刷 紙面を印刷します　　**配信** （電子版の場合）記事をネットで配信します

配送 → 印刷された新聞を販売所に配ります

配達 → 届いた新聞を各家庭や事務所に配ります

第 2 章　新聞の基本知識をおさえよう

が記事を書いています。こうした人のなかには、もちろん報道のプロとして訓練を積んできた人もいます。

しかし残念ながら、SNSやブログの延長の感覚で記事を書いている人が多いのも事実です。

さらに一部のネットニュースでは、記事をチェックする体制が新聞やテレビのように整備されているとは言い難いです。ネットニュースの記事が玉石混淆といわれる原因は、ここにあります。

新聞を支える記者ってどんな人？

みなさんは「新聞記者」と聞いたとき、どんな人物をイメージするでしょうか？

テレビドラマでよく登場する新聞記者は、ヨレヨレのスーツにぼさぼさ頭、大きな荷物を担いで、いつも不機嫌、いかにも不健康な感じです。

確かにそのような風貌の記者もいないことはないですが、特に最近は小ざっぱりした記者が多く、女性記者もかなり増えてきました。

記者は入社後10〜15年程度を経て、30代後半以降になるとキャップ、デスクといった「中間管理職」になり、取材現場から徐々に離れていきます。

新聞やNHKの場合、新人記者の多くは地方からスタートし、警察や自治体、地方議会などを担当して、やがて本社に上がって

いきます。

　本社では、政治、経済、社会などに取材部が分かれますが、政治部は取材対象が主に政治家など、経済部は企業や官庁など、社会部は警察や司法などに分かれることから、各部の雰囲気は微妙に違います。

日経の記者の特徴とは?

　日経の場合は、経済分野のなかでもさらに取材部が細分化されています。経済官庁や日銀・金融機関を担当する経済部、企業を担当する企業報道部と証券部、商品市場を担当する商品部のほか、海外にも経済・ビジネス担当の記者がいます。

　日経は、外から見ているとスマートな記者が多い印象ですが、意外にも社風は「体育会系」の雰囲気があるそうです。

　また、日経は他紙に比べて、紙面の広さの割に記者の数が少ないといわれています。そのぶん日経の記者は若いときから、広い紙面、大きな仕事を任せてもらうチャンスがあるということです。

　なかでも社内でトップクラスの実力者が集められてる「花形」の経済部記者は、社内からの要求も厳しく「1ヵ月に1、2回ほど、1面トップを書くノルマがある」ともいわれています。

　日経はFT買収後、FTのようにスター記者を育てようとしているので、記者にとっては「やりがいのある職場」だといえるでしょう。

デスクってよく聞くけど結局、何をしている？

ニュースを読者や視聴者に送り届ける際に、最も重要なポジションはどこかと聞かれれば、私はデスクだと答えます。

このポジションはサッカーでいえば、ゲームをコントロールする「ボランチ」で、攻撃の起点になったり、ディフェンスのカバーに回ったりします。

締め切りに追われる記者を陰で支えている

記者は文章を書くプロとはいえ、現場では常に締め切りに追われながら原稿を書いています。

特に過酷な取材現場の場合には、精神的にも大きなストレスを抱えていることがあります。

こうした環境に置かれながら書かれる原稿は、誤字や脱字、事実誤認があったり、論理展開が支離滅裂だったりということがたまにあります。

ですから、デスクは冷静かつ客観的に、原稿に書かれている事実関係をチェックし、読者がわかりやすい記事へと整えていかなければなりません。

ただ、記者もしていた私自身の経験からいうと、記者にはそもそもじっくり推敲して原稿を送るほどの時間が与えられていません（その条件のなかで原稿を書くからこそ報道のプロだろう、と言われてしまえばそれまでですが）。

こうした状況下でも理路整然とした原稿を書いてくる記者は、「記者として資質がある」といえます。

デスクはどのように原稿をチェックしている?

では、デスクは具体的にどのように原稿をチェックするのでしょうか?

デスクというポジションは、一般的に記者を15年から20年ほど経験してから就きます。

ですからデスクは自らの経験をもとに、記者が現場でどのような行動をするのかわかりますし、記者から送られてきた原稿を読めば何が誤っているかを判断できます。

デスクが記者から原稿を受け取った際、チェックするのは次のポイントです。

①事実誤認がないか（5W1Hなど）
②誤字脱字がないか
③論理構成がしっかりしているか
④読者にとってわかりやすいか

たとえば、入社3年目くらいの若手記者が、取材現場から原稿を送ってきます。

原稿は5W1Hこそ整えられているものの、情報が曖昧で、一部は具体性に欠けています。デスクはこの不完全な原稿を読みながら、さまざまな疑問が湧いてきます。

こうした場合、デスクは現場の記者に対して電話やメールで、

第 2 章　新聞の基本知識をおさえよう

「君はこう書いたけど、具体的にはどうなの？」、「○○の情報についてもっと盛り込めないの？」と疑問点をぶつけ、必要があれば新たに取材の指示をします。

これを受けて記者は、足りなかった部分を書き加え、場合によっては追加取材を行って原稿を書き直します（ただ記者が原稿を書き直す時間がないときも多く、その場合は記者から聞き取った情報をもとに、デスクが原稿を書き換えます）。

そしてデスクは、この原稿が紙面に載せるに足るものかどうかを確認し、最終的に記事が出来上がります。

このようにデスクは、誤報を防ぐディフェンス的な役割と、読者にわかりやすい記事を送り出すという攻撃の起点の役割をもつのです。

見出しをつけるのは記者ではなく「整理部」

新聞社で見出しやレイアウトを担当するのは、整理部という部署です。テレビには整理部はなく、同じ役割を番組のディレクターやプロデューサーが担っています。

整理部の仕事はまず、紙面を構成することです。

その日の紙面に、どの記事をどこに置くか、たとえば1面のトップはどの記事にするのか、という紙面作りを行います。

新聞の紙面数は30～40ページ、さらに1紙面ごとに15段あるので、整理部では通常紙面ごとに担当が分かれています。

また紙面の構成は、ニュースバリューの判断が伴うため、整理部だけでなく、取材部の管理職や編集局の幹部なども交えて決定されることもあります。

整理部＝コピーライター!?

　整理部のもう1つの役割は、見出しの作成です。

　基本的に見出しは、記者やデスクが仮でつけるものの、最終的には整理部が決定します。

　先ほどお伝えしたように、見出しは記事の概要がひと目でわかるものでなければいけません。また、読者が読みたくなるような見出しを考える必要もあります。

　どの記事に何文字の見出しをつけるかは、紙面の構成の段階で決められますので、整理部は締め切りまでの時間のなかで、コンパクトでわかりやすく、かつキャッチーな（読者の目に留まりやすい）文言をひねり出さなければいけません。

　整理部は新聞社のなかでも、コピーライターのような才能を求められる職場といえるかもしれません。

　たとえば、次ページにある2018年1月18日夕刊で掲載された記事の見出しを見てください。記事は、「2019年に日本で行われるラグビーワールドカップの観戦誘客を、各自治体が取り組む」というものです。

　ラグビーの「トライ」と、取り組みの「トライ」をかけていて、キャッチーな（オヤジギャグですが）見出しとなっているのがわかります。

> **2018年1月29日の夕刊（電子版）**

> **訪日観戦誘客 自治体トライ**
> **19年ラグビーW杯　チケット、あす先行抽選**
> 2018/1/18付｜日本経済新聞　夕刊
>
> ラグビーの2019年ワールドカップ（W杯）日本大会のチケット販

電子版における記事の「見出し」。〝トライ〟を2つの意味にかけている

日経整理部には硬派グループと軟派グループ担当がある!?

　日経の整理部は、紙面ごとに担当が分かれていて、総勢100人程度います。

　ちなみに日経では取材部が2つのグループに分かれていて、整理部もそのどちらかに担当が分かれます。

　一つは、「硬派グループ」と呼ばれる経済部、企業報道部、証券部、政治部。

　もう一つは、「軟派グループ」と呼ばれる社会部、生活情報部、文化部、運動部などです。通常どのメディアでも警察や司法を担当する社会部は「強面」と思われていますので、社会部がなぜ「軟派」なのかは、日経の社員でもわからないようです。

　1面は「社の顔」なので、日経では整理部のなかでもベテラン

が担当することが多いそうです。一方、本紙以外の3紙（日経産業新聞、日経MJ、日経ヴェリタス）は、整理部内の若手を中心に担当するそうです。

新聞ほど原稿をチェックしているメディアはない!?

原稿が紙面に組まれていく間に、校閲記者が誤字脱字や言葉遣い、事実関係などをチェックします。

言葉は報道マンにとって命です。なので、新聞でもテレビでも、誤字脱字は厳しくチェックされます。また、日時や地名の書き方、用字用語・慣用句などの誤りも同様です。

たとえば間違いやすい慣用句などを挙げると、こんな具合です。

「×足元をすくう→○足をすくう」
「×けんけんがくがく→○かんかんがくがく、けんけんごうごう」
「×成功裏のうちに→○成功裏に」
「×午後0時→○正午」

事実関係については、デスクの段階でチェックされていますが、校閲でもあらためて過去記事などを使ってチェックされます。

記者は、怪しいと思ったものは当然自分でチェックしますが、正しい・事実だと思い込んでいるものについてはチェックしません。これは記者に限らず、人ならだれでも起こしてしまう間違い

で、取材相手も事実だと思い込んで誤ったことを話している可能性があるということです（さらにいえば、意図的に間違った情報を記者に伝える取材相手もいるので要注意です）。

記者が自身で書いた原稿をチェックし、それをデスクと校閲がチェックする。つまり最低でも3人の目が通ったうえで、記事は読者に届きます。これはテレビも同じです。

前述の通り「誰でもメディア」の時代では、SNSやブログなど個人が書いた記事がネット上に氾濫しています。

こうした記事は、複数の人のチェックを受けて世に出された記事と比べれば、正確性に欠けがちです。

ネットの記事を読んだり引用したりする場合には、二重、三重にチェックすることを強くオススメします。

電子版で存在意義が薄れる「版」とは？

朝刊の紙面をみると、左上の欄外に「版」の数字が表示されています。

全国紙の朝刊には11版から14版まで4つのバージョンがあります（11版から13版は、早版と呼ばれます）。

日経では11版の締め切りが午後7時半ごろ。12版は午後10時、13版は午後11時ごろとなっています。早版はこのように締め切り時間が早いので、深夜に発生したニュースについては、入れ込

むことができません。

最終版（14版）は、日付が変わった午前1時半ごろが締め切りとなります。ですから14版は、前日夜までに起こったことはだいたいカバーできています。

ちなみに最終版の締め切りの時間は、新聞各社同じです。新聞各社の過度な競争を避けるため、この時間を超えると記事にしないよう新聞各社間で定められているからです（大きなイベント、たとえば総選挙やサッカーワールドカップなどがあるときは例外）。

これは、新聞社の社員（特に記者）にとっては、長時間労働を防ぐ「働き方改革」としても大切かもしれません。

夕刊は、午後1時半が最終締めとなります。ちなみに版数は、1版からの順番です。

電子版の速報カテゴリ

紙の「版」の存在意義を下げている速報カテゴリ。週末は経済・政治の動きが減るぶん、スポーツ記事が増える傾向がある

第2章　新聞の基本知識をおさえよう

そもそもこうした「版」がなぜ作りだされたかというと、印刷工場から遠い地域に配送するために、早く新聞を作らなければならなかったからです。

しかしいまや電子版があり、記事は出来上がった順に、たとえ夜であってもタイムリーに掲載されます。「速報」カテゴリをご覧いただければ、記事が随時あがっているはずです。

紙の版の存在意義は、電子版の出現で既に過去のものになったといえるかもしれません。

COLUMN

ネットニュース　見出しの「落とし穴」とは？

フジテレビでは2015年4月にインターネットニュース放送局＆ニュースサイト「ホウドウキョク」を始めました（その後サイトは「FNN.jp」に改称）。

私は立ち上げ当初から「ホウドウキョク」の運営に関わり、配信するニュース記事の執筆を担当しました。

いわばフジテレビの局員でありながら、「ライバルはハフィントンポスト、ニューズピックスやバズフィード」という貴重な体験をしたのです。

私がネットニュースに記事を出稿することを通じて、学んだことがいくつかあります。

まず、PV（ページビュー）のもつ「魔力」です。

テレビには視聴率、新聞には販売数という「成績表」があるように、ネットメディアにはPVがあります。

PVの数値は広告収入に直結するので、ネットニュースの編集者はPVに一喜一憂し、PVを稼ぐためにさまざまな工夫をします。

そのうちの一つが「見出し」です。

みなさんもYahoo!ニュースで読みたいニュースを探すとき、「見出し」で判断すると思います。

私が記事を書き始めたころは、私が付けた見出しをサイトの編集者が変更したために、口論になったことがありました。

私の付けた見出しは、「見出し」の項で触れた通り、記事を要約したものでした。しかしサイトの編集者は、「それではネットで読まれません」と言い、私からみればかなり「煽った」見出しを付けました。

これはネットの場合、PVが増えるほど広告収入が増える仕組みなので、「看板は多少違っても、とにかくお客さんに店にきてもらう」ことが必要だからです。

テレビの世界でも、たとえばバラエティ番組の場合などで、タイトルに多少そういうきらいがないとはいいませんが、ニュースの世界でこういうことが行われていたのは衝撃でした。

読者のみなさんも見出しをみて面白そうだなと読んでみたら、がっかりした経験があると思います（もちろん私もあります）。

こうしたPV稼ぎのための見出しをいつまでも続けていたら、ネットニュースの信頼度を下げ、ネットメディアに未来はないと思います。

第 3 章

メディアリテラシーを
身につけよう

メディアリテラシーは
ネット時代の必須スキル

　メディアが発信する情報を読み解く能力を、メディアリテラシーといいます。SNSの普及で「誰でもメディア」になれる時代となったいま、ネット上には不正確な情報や「フェイクニュース」が氾濫しています。

　この「ネットの海」のなかで、私たちはどの情報が正しいのか、その情報に発信者のどんな意図が含まれているのかを察知していかないといけません。

Yahoo!ニュースの情報源をみてみよう

　最近「新聞を読まなくなった」「テレビを観なくなった」という話をよく聞きます。

　特に学生と話をしていると、「ニュースはすべてYahoo!ニュースでチェックしているので、新聞やテレビは必要ない」と言います。

　ではこの学生は、本当に新聞を読んだり、テレビニュースを観ていないのでしょうか？　答えは「ノー」です。

　ウソだと思う人は、いま手元にあるスマホでYahoo!ニュースをチェックしてみてください。並んでいるニュースの多くが、新聞社やテレビのニュースサイトにある記事の転載となっているはずです。

　つまりこの学生は、意識せずに、新聞を読み、テレビを観てい

るのです。

　ですからYahoo!ニュースであっても、「新聞・テレビを読み解く力＝リテラシー」が必要なのです。

　本書ではここまで、新聞やテレビニュースにある特有の表現ルールについて触れてきました。

　こうした「約束事」を覚え、メディアリテラシーを身につければ、新聞やテレビから効率的に情報を入手することができます。

　そして、大切なのはフェイクニュースや不正確な情報に惑わされないようになることです。

オリジナリティで新聞を選ぶ

　私は、メディア論の講義後、学生から「新聞は何紙読んだらいいのですか？」「1紙だけではだめですか？」という質問を受けることがあります。

　そんなとき学生に、こう答えます。

「ある出来事の事実関係だけなら、大手紙のなかから1紙を読むだけで十分概要を把握できます」

　なぜこのように言うのかというと、各紙とも同じ情報源から取材するからです。企業や役所、政党や捜査当局などによる記者会見やプレスリリースで記者が記事を書く場合（こうして書かれる記事は「発表モノ」と呼ばれます）、各紙ともほぼ同じ記事となります。

ですから、大きなニュースであっても、事実関係を伝える「第一報」の段階では、複数の新聞を読む必要はありません。

記事の質や深みは「取材力」で差が出る

しかし、第一報を補足する「サイドストーリー」は、各紙の取材の視点や取材力によって変わってきます。

第一報を伝えると各紙の記者は、その背景を探るため当事者や関係者などにさまざまな取材を試みます。そのなかには、その記者だけの「独自」の取材もあります。

そうすると時間が経つにつれ、各紙の情報量や質にオリジナリティが生まれてきます。

そもそも報道の現場では、オリジナリティの高いニュースほど優先されます。ですから、発表をそのまま書いて満足している記者は評価されません。

記者は情報にさらに価値をつけるため、広く深く取材してオリジナリティを高める努力が求められます。

また、記者だけでなく解説担当者も、過去の事例を集めるなどしてその背景を分析し、紙面の「商品価値」を高めるよう努めます。

こうした不断の努力の結果、出来上がるのが紙面です。

みなさんはどの新聞の紙面から最も多くの良質な情報を入手できるのか、ぜひオリジナリティを見極めてみてください。

独自と特ダネ、スクープはどこが違う?

　新聞が最もオリジナリティを発揮できるのは、「特ダネ」「スクープ」です。

　前述したように記者は、他社はもちろん誰もがまだ知らない事実を追求します。こうして入手した情報をもとに書かれた記事は「独自モノ」と呼ばれます。「独自モノ」は文字通り、報じている社しかつかめていない独自の情報ですから、当然ニュースバリューが高くなります。

　新聞では、記事の文章のなかで「○○新聞（自社）の取材によると」「〜であることが、○○新聞の取材でわかった」という表現があると、「独自モノ」であることがわかります。

　テレビでは、タイトルに「独自」と表記することが多いですが、原稿のなかで「○○（自社）の取材によると」という表現も使います。

社会への影響が大きいものは特ダネ、スクープと呼ばれる

　独自でつかんだ情報のなかでも特に社会へのインパクトが大きいものは、「特ダネ」「スクープ」といわれます。他紙では読めないオリジナル記事ですから、その新聞の価値は高まります。

　こうした記事は、新聞であれば1面のトップに置くことが多く、テレビであればトップニュースとして報じます。ただ、大手紙の

場合は、紙面に「特ダネ」「スクープ」といった文言を見出しに使うことはありません。一方スポーツ紙や週刊誌は、こうした見出しをよく使います。

特ダネ、スクープの「目安」とは?

　独自取材を「特ダネ」「スクープ」とみるかどうかは、各社の判断に委ねられます。一つの目安となるのは、他紙やテレビが大きな扱いで追いかけそうかどうかです。

　たとえば65～66ページなどで紹介した「楽天」の買収記事は、他社が一斉に追いかけました。こうしたケースは、間違いなく日経の「スクープ」だったといえます。

　一方、他社が追いかけない「独自モノ」もたまにあります。「追いかけて報じるに値しない」、つまり「読者や視聴者にとって必ずしもニュースバリューが高いといえない」と他社が判断した場合です。

　独自取材の方法の一つとして、「独占インタビュー」というものがあります。
「独占インタビュー」は、どちらかというと「テレビ的」な独自取材といえます。というのも、相手がめったにテレビ画面に登場しないような人物であれば、インタビュー内容だけでなく、映像的な価値も出てくるからです。

　もちろんインタビューのなかで、その人物が重要な事実を初めて明かしたとすれば「特ダネ」「スクープ」となります。

　たとえばフジテレビの番組のなかで、ある選挙に出馬するのか

注目されていた人物が、司会者に可能性を聞かれて「出馬する」と初めて答えたとします。そうすると、その発言自体が「スクープ」となります。

ジャーリズムの真骨頂、「調査報道」と「検証記事」

「独自」のなかでも、記者らが当局の発表に頼らず調査・分析する取材を「調査報道」と呼びます。

たとえば、某新聞社では政治家の政治資金を専門に調査する取材チームがあるといいます。彼らは「政治資金報告書」などをもとに不正な資金の流れはないか調査し、探り当てれば「スクープ」として報道します。

この場合、捜査当局の捜査を知って報じるのではなく、あくまで記者らが独自に取材してスキャンダルの存在を明らかにします。

つまり捜査当局に先んじて記者が不正を暴くということです。ジャーナリストとしては栄誉であり、取材した記者チームは評価と名声を得ることができます。

実はアメリカの新聞は、第一報を伝えることより、調査報道に力を入れています。

速報も大事ですが、当局に頼らず自ら真相究明をすることこそが、ジャーナリストの仕事だと考えているからです。

検証記事はじっくり「あとで読む」のがオススメ

ほかにも、「検証記事」というものがあります。

こちらは既に発生した事象を、記者らがチームを組んで時間をかけて検証し、真相を明らかにしていくものです。

「検証記事」では、当事者や関係者などの証言を交え、「あのとき何が起こっていたか」「それはなぜか」を多角的・重層的に追求していきます。

こうした記事は、社内でも精鋭と呼ばれる記者が取材チームを組むため、読みごたえのある記事が多いです（日経の検証記事については第4章で説明します）。

そのぶん、高いレベルの取材が要求されるため、私の知人のある記者は、「検証記事のチームに入ると胃が痛くなる」と言っていました。

読者は、こうした「検証記事」をどう読めばいいでしょうか？

ストレートニュースとは違い「ルポ」「読み物」なので、朝の情報収集では、優先順位が低くなるのは仕方ありません。

しかし、読みごたえのある記事が多いので、特に自分のビジネスや関心の高い分野については、ファイリングしてじっくり「あとで読む」としたいところです。

解説記事は「署名付き」がオススメ

　いま世論調査で「総理にしたい政治家ナンバーワン」といわれている、自民党の小泉進次郎議員は、毎朝10紙に目を通すくらい新聞好きで知られていました。

　しかし最近、新聞を読まなくなったそうです。それはなぜでしょうか？

　小泉氏は、取材に対してこう語りました。
「最近は新聞を前ほど読まなくなったんですね、正直言って。どこどこ新聞だから読むということはもうないですね。署名記事でこの人だったらお金を出しても読みたい、そういうのはありますけど」

　ここで小泉氏が言う「署名記事」。新聞の記事には、最後に署名がある記事と、ない記事があります。

　かつて署名記事といえば、海外報道が中心でした。海外の報道は通信社の記事の転載が多いため、「この記事はちゃんと自社の記者が書いています」というアピールもあったからです。

読者獲得のため、記者個人を売り出す傾向が出てきた

　前述の通り、そもそも新聞の報道は「公正中立」を原則としているので、新聞の記事は客観的で、記者の主観をできるだけ排除するという「建前」があります。ですから、これまで署名記事は多くはありませんでした。

第 3 章　メディアリテラシーを身につけよう

しかしネットでこれだけニュースがあふれているいま、たとえ新聞であってもオリジナリティをどんどん打ち出さないと、読者に読んでもらえなくなります。

　そこで最近では、各紙とも徐々に署名記事を増やして、記者個人を売り出す傾向が出てきました。

　署名があれば読者は、「××新聞の○○記者は、いつもわかりやすい」とか「△△新聞の○○さんは、ITの分野にとても詳しい」など、記者個人を認知するようになります。そして、先ほどの小泉氏のように「この人だったらお金を出しても読みたい」と判断する読者も多くなります。

　署名記事のなかで代表的なものが、「解説記事」です。

　日経では最近、解説を専門とする編集委員、コメンテーターなどを前面に出して（顔写真も掲載するなど）、新聞の「売り」としています。これに関しては第6章で、詳しくお話ししたいと思います。

　解説記事が署名付きである一方、「社説」は署名がありません。この理由は、「社説」はその新聞社の意見・主張で、個人の意見ではないからです。

記者の「生活の場」でもある「記者クラブ」とは

　ふだん、記者はどこにいるのでしょうか？

　記者が本社のオフィスにいることは、ほとんどありません。も

しフジテレビの記者がお台場の本社にいたら、私は「今日は何か用事があったの？」と聞いてしまいます。

なぜなら彼らが常駐して、原稿を書いたり、作業をしているのは「記者クラブ」だからです。

「記者クラブ」自体は、大手メディアの記者同士の親睦会のような団体です。しかしこの「記者クラブ」は、政党や役所、業界団体のビルなどに部屋があるので、我々は通常この部屋を「記者クラブ」と総称します。

記者クラブには、通信、新聞、テレビなど各社が、作業スペースやブース、デスクをもっていて、記者はここに常駐し、拠点にして取材現場に向かいます。

たとえば政治記者であれば、官邸や国会内、各政党本部に、経済記者であれば中央官庁や取引所、業界団体の建物内に記者クラブがあります。

地方では、都道府県ごとに自治体の庁舎などに記者クラブがあります。

記者クラブはデスクや電話のほか、記者の「生活の場」でもあるので、冷蔵庫や給水所、休憩用の長椅子などもあります。

記者クラブでは必要最小限の情報が入手できる

記者クラブでは、各団体が記者会見や「レク（レクチャー）」、プレスリリースを配る「投げ込み」を行います。

また、部屋には掲示板があって、今後の記者会見や資料公表の予定を各団体が書き込みます。記者クラブに所属する記者に、団体側から直接メールで連絡するケースもあります。

このように記者クラブは、記者が「必要最小限」の情報を入手できる場所です。

　一方、記者クラブを置いている団体側にしてみると、広報活動をする際、各メディアに個別に連絡する手間を省けるというメリットがあります。

　つまり広報活動をしたい側と記者にとって、お互いに効率的なシステムなのです。

　記者はここにいれば、まず「特オチ（各社が一斉に載せたニュースを自社だけが載せ損ねること）」することはありません。

　一方で、記者クラブにある情報はすべて一律に公表されているものなので、ここにいるだけでは特ダネは取れないということにもなります。

　プレスリリースによっては「しばり」といって、記者に情報を渡すものの「決められた時間まで放送したり記事にしたりしないでください」と情報の解禁時間を設けているものもあります。

　情報が集中する記者クラブですが、一方でその閉鎖性が指摘されています。

　記者クラブは大手メディアの記者同士の親睦団体なので、ブロガーやフリージャーナリストらは基本的に入れません。また、海外のメディアや新規参入組のネットニュースの記者も加盟できません。

　そのため、「排除」された側からは「情報の独占」だとの不満があります。

記者クラブは日本特有のものではない

ただ、記者クラブは日本特有というわけではありません。

私がニューヨークに駐在していたときに取材していた国連本部にも、記者クラブと同じような記者の団体がありました。

国連本部内に記者が常駐する部屋があり、テレビのなかには、映像素材を伝送する設備をもつ局もありました。

また、アメリカのホワイトハウスや国務省、議会などにも、日本の記者クラブと同じような団体があります。

テレビでよくみるホワイトハウスのブリーフィング・ルーム(大統領や広報官が記者会見を行う部屋)の椅子は、前列に米国内の大手メディア、後方にバズフィードなどニューメディアの名札が貼ってあって指定席となっています。外国メディア用には、1席のみ割り当てがあります。

ホワイトハウスの「記者クラブ」には、俳優のジョージ・クルーニー氏が記者たちに贈ったエスプレッソマシーンのほか、スナックの自動販売機、その周辺にハイテーブルと10人分ほどの椅子があります。共用スペースでは、各社のブースが完全に間仕切りされています。

フジテレビほか、日本メディアもこの団体に加盟していますが、ホワイトハウスのブリーフィング・ルームでは、米国内メディアの次に多いのが日本メディア、その次に韓国メディアだということです。

国務省の会見では日韓のほかに、ロシア、インド、中東のメディアもポツポツいるそうです。

記者と番記者はどこが違う?

「番記者」という言葉があります。

記者にはそれぞれ担当の取材先がありますが、番記者は特定の人物を担当して継続的に追いかけ取材をします。

特に政治取材では番記者の存在は不可欠で、マスコミ各社は特定の有力政治家に必ず番記者を配置しています。

その記者は、取材対象者の名前や役職名で、〇〇番と呼ばれます（たとえば、総理番、小泉進次郎番など）。

番記者は取材対象者と日常的に行動をほぼ共にして、何かあれば情報やコメントを引き出します。

取材は公式な記者会見やぶら下がり取材（取材対象者と記者が立ったままコメントを取るもの）はもちろん、非公式な懇談（「記者懇」と呼ばれる）などがあります。

さらに朝は取材対象者の自宅前で出てくるのを待ち受け（「朝駆け・朝回り」）、移動中の車に同乗したり（「箱乗り」）、夜も自宅前で帰宅を待ち受けたり（「夜討ち・夜回り」）します。

番記者を配置するマスコミの狙い

こうやって常日頃行動を共にしていると、取材対象者も記者の「人となり」がわかり、親密になることもあります。

そうなれば取材対象者から情報を引き出しやすくなるというの

が、番記者を配置するマスコミ側の狙いです。

なので番記者は、取材対象者に近ければ近いほど評価されます。取材対象者と一対一で会えるようになれば、スクープを取ることも可能だからです。

番記者が利用されるケースもある

ただ一方で、番記者は取材対象者との距離感が問題となる場合があります。

政治家には魅力的な人物も多く（「人たらし」ともいいますが）、番記者が逆に取り込まれてしまって、その政治家の有利に働くように便宜を図るということも過去にありました。

また、対立する政治家の番記者同士も仲が悪くなるという、笑えないケースもあります。

ちなみに、スポーツ記者にも番記者のシステムがあります。

テレビでよく観る、試合後に選手や監督を囲んでコメントを取っている記者たちがそうです。

私の知人のスポーツ記者は、ある大リーグの日本人選手の番記者をしていました。この選手が乗っている車の運転もたまにしていて、よく彼は「私は○○選手の助手みたいなものです」と苦笑していましたが、よくスクープを取ってくる優秀な記者でした。

記者と番組ディレクターの違い

　私はこれまで経済部記者のほかに、番組「報道2001」のディレクターをやっていた時期があります。

　こう自己紹介をすると、いろいろな方から「記者とディレクターはどう違うのですか？」とよく聞かれます。

　実は記者とディレクターは、現場で取材をするという意味では同じ仕事をしています。しかしその取材方法や方向性は、かなり異なっていて、下の表（あくまで私見）のように、ふだんの行動体系は、全く違います。

記者と番組ディレクターの違い

	記者	ディレクター
常駐場所	記者クラブ	本社
取材対象	担当する団体・個人	その都度
取材方法	密着	一時的
大切なもの	取材対象者・特ダネ	視聴者・視聴率

記者の常駐先は記者クラブで、取材もクラブを拠点として動きますが、ディレクターは本社にある番組の部屋が拠点となります。

　番組ディレクターが、ネタによって取材相手が変わるのに対して、記者は担当している団体や個人をほぼ一日中追いかけます。

　なので、記者は取材先との関係を大切にしていて、押したり引いたり、ときに阿吽(あうん)の呼吸で取材します。

　一方でディレクターは1回の取材でネタをいくら取れるかが勝負ですので、多少無理してでも取材先に突っ込みます。

　そもそも大切にしているものが記者とディレクターは微妙に違うので、取材方法をめぐって現場でぶつかることもままあります。

　一方で、記者、ディレクターともに最終ゴールは「よい番組をつくる」ことなので、お互い切磋琢磨をしながらやっています。

オンレコとオフレコにみる取材ルール

　みなさんは、「オンレコ」「オフレコ」という言葉を聞いたことがありますか?

　記者や政治家が取材方法を指して使う言葉ですが、「オンレコ」というのは「オン・ザ・レコード」の略です。

　記者会見などで、記録・報道されることを前提に話すことはオンレコです。

　一方で、記録や公表をしないことを前提に話すのは、「オフレコ」といわれます。

オンレコとオフレコには、それぞれ取材ルールがあります。

まず、オンレコの取材、たとえば記者会見では、記者はメモを取ったり、録音することができます。

また、新聞に写真を載せることも可能ですし、テレビではカメラ撮影はもちろん、中継することもできます。

オフレコでは、話した当事者を曖昧にして記事にする

一方オフレコでは、話した当事者が誰なのか、明らかにしないことを前提としています。ですから記者は、録音や録画をしてはいけないことになっています。

また基本的には、メモを取りながら取材することもできません。こういう場合、記者は取材が終わってから、自分の記憶をたどりながらメモを作ります（これが本当に大変です）。

したがってオフレコ取材を記事にする場合は、発言した当事者を特定されないかたちで表現します。もちろんこの場合も、事前に当事者の了解を得る必要があります（全く記事にできないオフレコ取材は「完オフ」といいます）。

先ほど「番記者」のパートでお伝えした「夜討ち」「朝駆け」は、基本的にオフレコです。

なぜこうしたことを記者がするのかというと、オンレコの公式な場所では、取材対象者から「秘密の話」を聞けないからです。

取材対象者も公式な場では話せないものの、非公式な場では「自分が話したことを明らかにしない」ことを条件に話すことがあります。

取材ルールを守らないケースもある

　ちなみに記者のなかには、オフレコ取材でも、取材対象者の了解なくメモを取ったり、レコーダーをまわす記者もいます。その音声データや記録メモが外部に漏れ、問題になるケースも過去にありました。

　小泉進次郎議員は以前、こうした記者の取材方法についてこんなことを言っていました。

「基本的に僕は全部オンだと思っているんですからね。最近は怖いですよ。こうやって（記者が）『有り難うございました』と言ってエレベーターのなかまで来て、そのなかも（レコーダー）まわっていたりするからね。しかも、それがメモで出回るしね。それが大手メディアから週刊誌に回ったりするからね。もうオフレコなんてないと思わなきゃ。じゃないとこの世界は生きられない、と思って話しているだけなんで、あまりオンオフという感じじゃないです。大変な世界だね」

　小泉氏のお父さん、元総理大臣の小泉純一郎氏は、「小泉純一郎にオフレコなし」と、「話したことは何でも書いていい、書かれたくないことは話さない」というスタンスを貫いたとされています。

　総理だったころ純一郎氏は、当時では画期的だったメールマガジン「らいおんはーと」や1日2回のぶら下がり取材などで、継続的に国民に向けて「オンレコ」で情報発信をしていました。

情報源の書き方で、記事の信頼度を見極めよう

ニュースを読む際に、「オンレコ」「オフレコ」はどうやって見分けるのでしょうか?

まずオンレコですが、こちらは情報源の名前が実名で報じられていますので、すぐわかります。たとえば、「〇〇社長は記者会見で」「〇〇氏によると」といった記事となります。

一方、オフレコで取材した記事は、情報源が明らかにされていません。

ですから、読者は記事を読みながら、この情報源はどのような人物なのか、この情報はどれくらい信頼性があるのかを見極めていかなければいけません。これは情報の信頼度を理解するうえで、大切なメディアリテラシーといえます。

オフレコの発言には意図がある

気を付けなくてはいけないのは、取材対象者は、情報を明かす際に、何らかの思惑があるということです。

たとえば、ある政治家が「実はこうなりそうなんだ」とオフレコの場で語ったとします。そうした場合、この政治家は、「この記者が記事にすれば自分に有利になる」、「事前に広めて既成事実化したい」など、思惑をもって情報を流している可能性もあります。

こうしたバイアスがかかっているかどうかも、記者は原稿にす

誰の発言で記事が書かれたのか予想してみよう

●「幹部」

この上に団体名がつく場合もあります。たとえば「○○省の幹部によると」「○○社の幹部は」など。一般的に「幹部」といった場合には、企業だと部長・役員以上、中央省庁だと課長・局長以上が目安です。ですから、読者も「○○社幹部」という表記を見たら、「この会社の役員(場合によっては社長)が言ったんだな」と考えてください。

●「政府高官」

文字通り政府のハイレベルなポジションにいる人物です。通常、官房長官、官房副長官を指します。

●「○○筋」

いわゆる「事情をよく知る人物」です。「外交筋」は一般的によく使われます。この場合、外務省(在外大使館も含む)の職員など相手国との交渉や実務に関わる人物と推測できます。

●「周辺」「関係者」

この主語は微妙です。「事情をよく知る人物」であることは間違いありませんが、「幹部」ではないので、権限をもたない人物の可能性が高く、発言にどの程度の重みがあるのか疑問です。

る際に見極めるようにしています。

では具体的に、実名を書かないで記者はどのように情報源(「ネタ元」)を表すのでしょうか?

「オフレコ」の取材は、「関係者によると」「幹部によると」など伝聞のかたちで書かれます。

また、文末が「〇〇だという」という書き方も、取材先から聞いた情報で、記者が直接確認した「一次情報」ではないことを示しています。

記者は確実だと思われる情報は、断定形で書きます。一方、伝聞形式で書いた記事には、「これはあくまで聞いた話なので、断定はできません」という、弁明の気持ちも含まれています。

みなさんは「この記事はまだ断定できないんだな」「この情報は変わる可能性もあるな」と思いながらこうした記事を読んでください。

文末の表現でわかる情報の確度

実は記者やデスクは、入手した情報の確度によって、記事の文末の表現を微妙に変えています。

65〜66ページなどで紹介した記事では、「楽天は野村ホールディングス(HD)傘下の損害保険会社、朝日火災海上保険(東京・千代田)を買収する」と断定的に書いています。

この文末からは日経が買収情報の確度に、相当の自信をもって

いることがうかがえます。

　つまりこの記事を書いた日経の記者は、確度の高い情報源から、情報を入手したと推察されます。

　ここで、買収記事に出てくるさまざまな文末の表現をご紹介します。みなさんは、この違いがわかりますか？

「〜を買収することを正式に発表した」
「〜を買収する」
「〜を買収する方向で最終調整をしている」
「〜を買収する方針を固めた」
「〜を買収する方向で検討している」

　これらを読んでいると「なんだ、みんな買収するということじゃないか」と思われるかもしれません。
　ところが書いている記者のほうは、情報の確度に合わせて表現を微妙に使い分けています。ですから、読者もこの「約束事」を知れば、この買収の実現性がどこまであるのか、記事から推測できるようになります。
　次ページの表にまとめたので、参考にしてみてください。

　本書では「買収」記事を例に挙げましたが、これらの文末は、政策決定の過程を報じる際などにもよく使われています。
　文末に「最終調整をしている」「方針を固めた」「方向で検討している」があった場合には、それぞれ実現までの道のりに微妙な

第 **3** 章　メディアリテラシーを身につけよう

文末の書き方における約束事

●「〜を買収することを正式に発表した」

この企業が記者会見やプレスリリースを通じて、正式に発表したことを事後に報じたものです。

●「〜を買収する」

正式発表こそしていないものの、買収する側とされる側の間で、正式に合意している状況です。

これをスクープした記者は、取材先とのやり取りのなかで発表の内容や発表時間まで把握していると思われます。こうした場合、続いて「明日にも正式に発表する」、「きょう午後にも発表する」といった表現があわせて使われます。

●「〜を買収する方向で最終調整をしている」

買収の合意に向けて、細かい詰めや手続きが残っていますが、ほぼ合意内容が固まったという段階です。「調整している」という書き方もありますが、「最終調整をしている」のほうが、局面がより大詰めであることを示しています。

●「〜を買収する方針を固めた」

合意こそしていないものの、両社の経営陣が合意に向けて前向きに進みだした段階です。「調整」よりは、まだ不確定要素が多いことを示しています。

●「〜を買収する方向で検討している」

これは文字通り、両社が検討に入ったという段階です。この書き方では、まだこの買収は白紙になる可能性もあり、かなり流動的な状態です。

差があることを覚えておいてください。

「受け身」で書かれた記事は記者個人の見立て!?

また、記事の文末の語尾には、次のような表現をよくみます。
「〜とみられる」
「〜と思われる」

この2つの文末は受け身のかたちになっているので、一見、そうみている（思っている）第三者がいるかのような印象を受けます。

しかし実際は、記者の個人的な「見立て」を示すことが多いです。

新聞の建前として「客観性」「公正中立」がある以上、記者が「私は〜とみている」「私は〜と思う」とは書けません。

そこでこのような受け身の文末になるのですが、みなさんはこうした文末になっている部分は、記者個人の見立てかどうか考えながら読む必要があるでしょう。

事実関係に自信がないときの文末

また、「〜とみられる」「〜と思われる」については、記者が事実関係の確認に自信がないとき、断定を避けて「ぼかす」ために使う表現でもあります。

たとえば、「Aは出馬の意向だ」と「Aは出馬の意向だとみられる」は、明らかに記事の確度（実現性）が変わってきます。

一方、記者にとってはAが出馬しなかったとしても、「〜とみられる」と書いておけば断定ではないので、「誤報」にはならないという安心感があります。

また文末には、「～しそうだ」と予想を示す表現もあります。しかしこの場合も、記者の主観が入っているケースがあります。

たとえば、政府のある政策に、記者が反対の意見をもっていたとします。こうした場合、この記者は記事に「私は反対です」とは建前上書けません。

そこでこの記者は、「住民から反対の声が強まりそうだ」「国民から批判の声が上がりそうだ」などと書くことで、読者に「この政策は国民や住民のなかで反対が多い」という「印象」を与えます（一歩間違えば「印象操作」になりかねませんが）。

みなさんは、この文が単に予想を示すものなのか、記者の意見が反映されたものなのか見分ける必要があります。

電子版で変わる？「夜討ち朝駆け」

2017年に日経は、働き方改革の一環として「夜回り」を禁止し、マスコミ業界で話題になりました。

夜回りとは、文字通り夜間に取材対象者の自宅の外で帰宅を待って（アポなし）、取材対象者から話を聞くという取材方法です。日中の「平場」といわれるオープンの場では聞くことのできない話を相手から聞き出すので、スクープを狙う記者にとっては取材の生命線といえます（ただ複数の記者が同一人物を「夜回り」する場合は、スクープには結びつきません）。

夜回りの禁止について、日経のある企業担当記者は、「夜回りをするなとは言われませんが、携帯電話で直電できるなら電話にしろ、みたいな指示を受けています」と言っています。

　また、ある省庁の担当記者は、「夜回り・朝回りに頼るなという話や指示は、日常的にあります。だけど、実際は普通に夜回り朝回りをみんな行っています。いかないとネタを取れませんので」と語るなど、夜回り禁止は浸透しているとはいえなさそうです。

　一方、日経が他社に先駆けて「夜回り禁止」を行ったのは、「デジタルファースト」も背景にあります。

　日経で紙よりも早く、電子版にタイムリーに記事を掲載する体制になったのは、既にお伝えしました。

　電子版がよく読まれるのは、朝夕の通勤時間帯とお昼の休憩時間といわれています。

　そのため記者は、電子版用に朝昼を中心に記事を書くことが、最も効率的な働き方となります。

　先述の記者は、「とはいえ、現場の雰囲気はここ数年で大きく変わっていて、ネタを取った場合は紙面にとっておくよりも、たとえば電子版でなるべく早く書くようにムードも変わっています」とも述べています。

　つまり、記者は電子版に合わせて、これまでの深夜偏重型から、朝昼型にシフトせざるをえなくなったのです。

　日経の記者が夜型から朝型にシフトし、夜回りなしにどうネタを取っていくのか、業界が注目しています。

COLUMN

通信社、週刊誌が担う役割

　私が報道の世界に入ったときに、不思議に思った存在だったのが通信社でした。

　通信社は新聞社やテレビ局に記事や映像を配信していますが、独自の紙媒体や放送局はもっていません（ウェブサイトはあります）。

　しかし新聞社もテレビ局も各々が取材体制をもち、報道を行っているのに、なぜ通信社からの配信が必要なのでしょうか？

　地方紙の場合、国内の地元以外の地域や海外に記者を配置するのは、人員的に難しいです。

　なので地方紙は、国内外を幅広くカバーしている通信社と契約を結び、記事を購入します。

　一方、大手紙や民放キー局と通信社は、微妙な関係でもあります。大手紙などは通信社にとって「お客さん」でありながら、取材現場では競合関係にあるからです。

　さて、もう1つの「不思議な存在」が週刊誌です。彼らは報道機関といえるのでしょうか。

　週刊誌といえば、ここ最近世の中を騒がせている「文春砲」があります。週刊文春が芸能人や政治家のスキャンダルを次々と暴き、ちょっとした社会現象にもなりました。

そもそも週刊誌に対して大手紙やテレビは、「すむ世界が違う」と一線を引いていました。

　しかし最近の週刊文春や週刊新潮のように、大きな政治スキャンダルに発展するスクープを連発されると、もはや無視ができない存在となっています。

　たとえば新聞・テレビは、週刊誌の発売1日前に出回るゲラ（校正刷）のコピーを入手し、スクープがあれば追いかけるということが常態化しています。

　また発売数日前から永田町や霞が関界隈では、「政治家Aが文春に取材されたそうだ」などと情報が駆け巡ります。

　週刊誌の強みは、何といっても週刊であることです。新聞やテレビのように毎日記事を出し続ける必要がないため、ある程度長いタイムスパンで取材ができるのです（週刊誌もウェブサイトを開始して少し変わりつつありますが）。

　週刊誌の記者は、当局の発表に頼らず独自のルートを駆使した「調査報道」を展開しています。

　また最近は、ペン取材だけでなく録音録画も行ってサイト上で公開し、さらに有料で映像使用を許諾するというビジネスも展開しています。

　週刊誌、恐るべし、です。

第 4 章

深読み講座
【1面・総合面・経済面】

電子版も紙も まずは朝刊の全体像を把握しよう

「日経は、どの紙面から読みますか？」と聞かれれば、たいていの人は「まずは1面でその日の重要なニュースをチェック」と答えるでしょう。

そして総合面、経済・政治・国際・企業面の見出しをざっとみて、そのうち気になる記事は、リードを読んで概要を把握する。さらに詳細まで知る必要がある記事については、本記も読むというのが「定石」だと思います。

電子版であっても「定石」は変わりません。1面から総合1、総合2とスライドさせていきながら、見出しをチェックしていきます。

一方、ベテラン読者のなかには、「この記事から必ず読む」というこだわりがある人もいます。
「『真相深層』や『迫真』は必ず読みます」いう企業幹部も多いですし、「実は裏面（文化面）の『私の履歴書』や小説から読みます」という人や、「『オピニオン』で、この人が書いたらまず読む」という「署名記事ファースト」の人もいます。

平日の朝刊の紙面は、以下の通りとなっています。

❶ 1面……新聞の顔といえる存在

「新聞の顔」であり、その日の最も重要とするニュースが掲載されています。右上記事が「1面トップ」（電子版だと一番上）です。

ほかストレートニュースや連載企画などの記事が載っています。

また、名物コラム「春秋」も1面です。新聞のコラムというと朝日新聞の「天声人語」が有名ですが（昔は受験生の「必読」とされた）、「春秋」も執筆陣が縦横無尽に筆を走らせています。

私はいつも「春秋」を読みながら、「文章、うまいなあ」「（情報の）ひきだしが多いなあ」などとひとり唸っています。

1面には2ページ目以降のオススメ記事のラインナップがインデックスにまとめられています。見出しやリード、画像も付いているので、気になる記事があれば、そちらから読んでいくことも「あり」です。

電子版では、紙だと「総合1」面にある「社説」も入っています。

❷ 総合面……分野を問わない重要ニュースが掲載

政治・経済・国際など分野を問わず、重要ニュースが掲載されています。日経の社論である「社説」のほか、大きな事象の深掘りをする連載記事「真相深層」や「迫真」、専門用語の解説「きょうのことば」もこちらにあります。

電子版では「総合1」「総合2」とスライドしていきます。電子版は紙面の右上トップ記事が一番上にあります。さらに画像がカラーなので、電子版のほうが視覚的に見やすくなっています。

❸ 政治面……ベタ記事も見逃せない日経の政治面

国内の政治・外交のニュースです。首相の動静を伝える「首相官邸」もここにあります。日経は政治面がコンパクトなので、ベタ記事（短信）も見逃せません。

第4章 深読み講座
【1面・総合面・経済面】

❹ 経済面・金融経済面……金融マンは必読

　日銀・金融業界・中央官庁の動き、国の経済政策に関するニュースが満載。特に金融マンは必読のページです。

❺ オピニオン面……読みごたえバツグン

　日経のコメンテーター、FTの人気解説者の翻訳記事などが盛り込まれています。どの記事も読みごたえがありますが、文字量が多いので朝の情報収集タイムだけではキツいかもしれません。私は気になる記事を朝のうちにスマホで電子版に保存しておいて、「あとで読む」ことにしています。

❻ 国際面・アジアBiz面……アジア経済の取材に注力

　国際面では、海外の政治・経済・社会ニュースをチェックできます。日経はアジア経済の取材に注力しており（後述）、アジア企業の動向を知りたければアジアBiz面は要チェックです。

❼ 企業面・投資情報面……今後の業界動向を占う記事も

　国内企業の動向や決算などです。企業関連の記事で複数面を作ることができる日経は、さすがとしかいいようがありません。特に「企業1」にある「ビジネスTODAY」は、今後の業界動向やトレンドを占う意味で読みたい連載記事です。

「ビジネスTODAY」は電子版でフォローすると、まとめて「あとで読む」こともできます。

❽ マーケット総合面・商品面……投資を始めるなら必読!

　金融・商品市場動向。マーケット総合面の解説記事「スクランブル」は金融市場ウォッチャーなら必読。名物コラム「大機小機」は、ペンネームで執筆陣が日本の抱えるさまざまな課題に快刀乱麻の解決策を提示します。「スクランブル」や「大機小機」も、電子版でフォローすれば、まとめ読みも可能です。

❾ 証券面……電子版は個別銘柄もチェックできる

　前日の株式市場、株価動向です。電子版の場合は個別銘柄ごとにチェックできます。

❿ 経済教室面……外部有識者による記事

　外部有識者による解説記事「経済教室」「私見卓見」「やさしい経済学」があります。「経済教室」は文字量が多く、要点が「ポイント」としてまとめられているので、朝はポイントのみのチェックでも十分です。

⓫ 文化面……名物企画満載

　名物企画「私の履歴書」、「交遊抄」、連載小説など。この面から読む日経ファンも多いと聞いています。

　ほかラテ欄（テレビ・ラジオの番組表）、スポーツ、社会、特集面などがあります。また、夕刊や週末には独自の面・記事が並びます。

経1面の効率的な読み方とは？

　前述した通り、1面は「新聞の顔」です。そのなかでも新聞社が「この日最も重要なニュース」と位置付ける記事が「1面トップ」です。

　1面トップには各社ともに、政治・社会の大きなニュースかスクープ記事を載せます。しかし「経済ファースト」の日経の1面トップは、主に経済やビジネスの大きなトレンドを扱った記事となっています。

　最近、こうした傾向がさらに強まっていますが、背景にあるのは電子版の存在です。なぜなら第一報やスクープ記事はもはや紙ではなく、速報対応可能な電子版に取って代わられたからです。

❶ インデックスを使いこなそう

　日経は紙の読者がより見やすく、わかりやすい紙面づくりを目指しています。

　たとえば、平日の1面の「NEWS&VIEWS」というタイトルのインデックス（本にたとえれば「もくじ」にあたります）。このインデックスには、重要ニュースだけでなく、日経独自の視点の解説記事や特集記事など、その日の選りすぐりの記事を紹介しています。インデックスで紹介される記事には、忙しいビジネスパーソンはつい見落としそうな、後ろのページにある記事もあります。

　インデックスには、「TODAY'S ASIA」もあり、「アジアBiz」

のイチオシ記事を先取りすることもできます。さらにその下には「オピニオン」の紹介が続きます。1面でアジアBizとオピニオンの記事を紹介する理由は、日経の経営戦略を解き明かすカギなので後ほどご説明します。

❷ 世界の市況は電子版併用でチェック

　また、インデックスの一番下には、「WORLD MARKETS」があります。

　前日の日経平均株価や東京市場の円・ドル相場、長期金利（10年国債利回り）、さらに日経アジア300（後述）、上海総合指数、ドバイ原油と続き、これを見れば前日の相場の振り返りができます。

　ここには「欧米市場は電子版で」と小さく書いてあります。なぜなら、欧米市場の引け値は時差の関係で、紙面の締め切りに間に合わないからです。

　ここは電子版の登場です。電子版の「マーケット」を見れば、世界の各市場の動向をほぼタイムリーにチェックできます。

❸ 連載記事は「あとで読む」

　1面には、日々のニュースを伝える記事のほかに、連載の企画記事もあります。

　本来なら時間をかけてじっくり読みたいところですが、朝の忙しい時間内ではなかなか目を通すのは難しいです。この場合も電子版に保存しておけば、通勤中やお昼休み、帰宅時に読むことができます。

1面もこうやって電子版と併用すれば、より効率的かつスピーディな読みかたができます。ぜひ片手にスマホを持ちながらの紙読みにトライしてみてください。

❹「日経ニュースメール」で1面トップを先読みする

　日経朝刊は、前日の夜に読めるのをご存じですか？

　日経では「日経ニュースメール」が1日3回、「朝版」は7時ごろ、「昼版」は正午ごろ、「夕版」は18時ごろ配信されます。「昼版」は紙の夕刊の記事が先に読め、「夕版」は翌日の朝刊の記事が読めます。この「日経ニュースメール」は、簡単に登録できます。

「夕版」では翌日の朝刊に掲載されるオススメ記事が配信されますが、これはたとえ1面トップであっても例外ではありません。

　日経がデジタルファーストに舵を切ったことは既にお伝えしました。紙の1面トップにスクープを載せるため記者が血眼になっていた時代では、前日にそのスクープ記事をメール配信するなんてことは考えられませんでした。

「日経ニュースメール」で配信される翌日1面の独自記事については、『イブニングスクープ』のタイトルが付いています。

　また、「Myニュース」にキーワードを登録しておけば、オーダーメイドな「Myニュースメール」も届きます。

ニュースを深く理解する手助けとなる総合面

1面に続く「総合」面は、国際・政治・経済とジャンルを問わず、重要なニュースや解説・検証記事が掲載されています。

❶「真相深層」「迫真」で有名案件の裏事情を知る

特に火曜日から土曜日の「総合」には、ニュースをより深く理解するための連載企画「真相深層」「迫真」があります（「真相深層」はニュースの深掘り、「迫真」はルポとなっています）。

ビジネスパーソンにはこの連載のファンも多く、「有名案件の裏事情がわかり、読み物として面白い」という声がよく聞かれます。

「真相深層」「迫真」ともに、事件や政治・経済の動きの背景を、関係者の新たな証言などを交えて書き上げた力作揃いで、読み物としても楽しめます。

2018年1月、「迫真」では「ビットコインバブル」を連載しました。2017年末の仮想通貨「ビットコイン」相場で、「バブル」に踊ったプレイヤーたちを描いた記事です。

そして、まさに連載が終了した直後、仮想通貨業者「コインチェック」から不正アクセスによって580億円分もの仮想通貨が不正に流出する事件が発覚しました。仮想通貨バブルに警鐘を鳴らしてきた日経の「先を見る力」は確かだったということです。

第4章　深読み講座【1面・総合面・経済面】

今回のビットコインバブルでは、投資経験の浅いビジネスパーソンや学生が大きな損失を被りました。これは、信頼できるメディアにふだんから接して情報収集をしているかどうかで、ビジネスの成否が分かれるという教訓になったといえそうです。

❷「きょうのことば」はグラフや図も活用

　3面にある「きょうのことば」は、最新ニュースに登場するキーワードや、基礎用語をわかりやすく解説するコラムです。これを読めば、まさに進行中の重要事案についてより理解が深まります。「きょうのことば」はグラフや図表も充実していて、視覚的に理解する手助けとなります。

　また、図表やグラフを保存しておくと、後々何かと役に立ちます。私は解説記事を執筆する際、過去のさまざまな情報やデータを調べます。その際、最も効率的に情報を整理できるのが、切り抜きやデータ保存をしておいたグラフや図表です。

日経の購読料の一部はグラフや図表の「制作委託料」!?

　政府の統計や経済指標の数値は、中長期的なトレンドを調べたい場合、自分で過去をさかのぼって数値を探さないといけません。また、民間調べの統計は、探すのに手間がかかるケースが結構あります。

　たとえばTPPの過去の交渉経緯を調べる場合、時系列的にまとまった図表があると、自分で調べる時間の節約になります。

　私は日経の購読料の一部は、グラフや図表の「制作委託料」と考えて、活用しています。

さらに図表をテーマごとにデータ保存しておくと、いざというときに心強い味方になります。

このように総合面は、政治・経済・国際面などから選りすぐりの記事が並んでいます。朝、すべての面に目を通す時間がないときには、せめて1面と総合面だけでもチェックするようにしましょう。

経済面は「花形」である経済部が作っている

日経が産声を上げたのは1876年（明治9年）。「中外物価新報」として東京・兜町の三井物産内でスタートしました。当時はコメや塩などの商品相場や貿易概況を伝える週刊誌でしたが、戦後の1946年、新聞の名前を「日本経済新聞」に改めました。

なので日経のDNAは「経済ファースト」です。他の新聞が政治や社会の記事がトップになる日でも、日経ではよほど大きなニュースでない限り、1面トップは経済ニュースです。

では、経済面を上手に読むため、まずは作り手の経済部（社内で「花形」と呼ばれている）が何をやっているのか理解しましょう。

経済部は、日銀、銀行、外国為替市場など金融政策と、経済官庁（財務省、内閣府、経済産業省など）をメインに担当しています。つまり国の経済・産業・金融の政策をフルカバーしているのです。

では、経済部の記者はふだんどんな取材をしているのでしょうか？

❶ 日銀……「金融緩和」はいつまで続くのか

まず取材対象としてあげられるのは、日本の中央銀行である日銀（日本銀行）です。

アベノミクス3本の矢のうちの1本、「異次元の金融緩和」がスタートしたのが2013年4月。日銀の金融政策が世の中でここまで注目された例はそうなく、「異次元の金融緩和」スタート以降しばらくの間、フジテレビでも日銀担当記者の仕事量が増加しました。

欧米が金融緩和の出口戦略に進むなか、日本はいつまで異次元金融緩和を続けるのか、関心はまだまだ続くでしょう。

ほかにも日銀では月1回程度行われる金融政策決定会合や、全国の企業動向や業況感を調査する「日銀短観」など、注目のニュースがめじろ押しとなっています。

もちろん日経にとって金融情報は、最重要コンテンツの一つであり、日経は他紙と比べて多くの人員を日銀記者クラブに配置しています（メガバンクなど、銀行の経営戦略もカバーします）。

❷ 財務省……「最強官庁」と呼ばれた威光に陰りが…

国の予算と税制を担う財務省は、日経にとって最重要の取材先です。

財務省の記者クラブは、財政研究会、略して「財研」と呼ばれていますが、記者も霞が関の「格」に合わせて配置されるので、

財研には各社の経済部の精鋭が集まるといわれています。

　財務省を担当する記者の腕の見せどころは、国民生活に影響の大きい税制改正と予算編成です。

　しかし霞が関の「最強官庁」と呼ばれていた財務省は、元事務次官によるセクハラ問題や森友問題、さらに文書書き換え問題が起こり、その威光に陰りがみえています。財務省の担当記者も「事件記者」のように官僚を追いかける日々が続き、担当記者は「早く正常化してほしい」と嘆いています。

❸ 金融庁……「仮想通貨」や「フィンテック」はどうなっていく?

　金融庁はその名の通り、金融制度の立案や、銀行・証券・保険、さらにはフィンテックなど民間金融機関の検査・監督を行います。日経にとって、金融行政も最重要コンテンツの一つです。私が金融庁を担当していた2010年は、日本振興銀行の経営破綻と戦後初のペイオフ発動がありましたが、このニュースも当時、日経が1面トップでスクープしました。こうした金融機関の破綻処理も、金融庁の大きな仕事です。

　金融庁は、仮想通貨市場に関する制度の企画や監督も行っています。2014年のマウントゴックスのビットコイン消失事件以降、金融庁は仮想通貨市場の法整備を進め、日本は世界で最も仮想通貨の法整備が進んでいるといわれていました。しかし、2018年のコインチェックの仮想通貨不正流出事件が起こり、監督官庁として忸怩たる思いだったと聞いています。

❹ 経済産業省……AIからエネルギー政策まで

　安倍政権下で、財務省に代わって存在感を増しているのが経済産業省です。

　経産省と一般的に呼ばれますが、英語名を略してMETI（メティ）の愛称もあります。AI（人工知能）など産業政策はもちろん、通商ではEPA（経済連携協定）やFTA（自由貿易協定）の交渉、原発や再生可能エネルギーなどのエネルギー政策、知的財産など所管の広い経産省ですが、日経はフル体制でカバーしています。

　経産官僚は「民間っぽい」「商社か広告代理店みたい」とよくいわれます。官僚から転身した国会議員や首長は昔からいますが、最近は経産省出身者が目立ちます。経産省には、前向きで独立心の旺盛な風土があるためでしょうか。

❺ 内閣府……経済統計の発信元

　内閣府は多くの経済指標を発表します。その代表的な指標が、四半期ごとに公表されるGDP速報値です。GDPの数値は、今後の国の経済政策や金融政策に大きな影響があるため、ビジネスパーソンは注意深くウォッチする必要があります。

　ほかにも内閣府の公表する代表的な経済・景気指標として、「月例経済報告」「景気ウォッチャー調査」があります（「コラム」にて詳細は後述します）。

　内閣府の記者クラブは、経済研究会（経済研と略します）と呼ばれています。私も記者時代に経済研に所属したことがありますが、経済指標や統計の分析が多いせいか、担当記者は学者肌が多かったという印象があります。

❻ 農林水産省……儲かる産業になるか?

農林水産省（農水省と略して呼ばれます）は、日本の第一次産業の司令塔です。しかし日本の農業は、農業従事者の高齢化や減少で崖っぷちにあり、2016年には、自民党の小泉進次郎農林部会長（当時）を中心に、大きな農業改革が行われました。農業を「より儲かる産業」にするため、6次産業化や地域ブランド化、輸出促進など、さまざまな取り組みを行っています。また、農協グループの経営改善・構造改革も行われています。

農水省の記者クラブである農政クラブでは、農水省に関連のある食品・飲料業界の記者向け発表も行われます。

そのため農政クラブのなかには、食品・飲料メーカーも担当する記者がいて（民放に多いです）、省庁担当でありながら、企業担当としての動きもします。

経済部がカバーする「財界」とは?

ほか経済部は、大手町の経団連会館内にある財界クラブも担当し、財界クラブの記者は主に、次の「経済3団体」をカバーします。

経団連（日本経済団体連合会）……日本を代表する大企業の集まり

経団連は、東証1部上場企業を中心に、日本の代表的な企業約1300社で構成されています。つまり経団連は日本を代表する「大企業」の集まりといえ、政府の経済政策、特に税制や規制緩和な

どに対して提言を行います。政治献金を行い政界に強い発言力をもっていたことから、かつて経団連会長は「財界総理」と呼ばれていました。しかし、近年は存在感の低下が指摘されています。

経済同友会……企業の経営者が個人で加入する会員制組織

1946年に、日本経済の再建のため、若手経営者を中心につくられた経営者団体です。企業の経営者が、個人の資格で加入する会員制組織ですが、国内外の問題に対してさまざまな提言を行っています。ちなみにトップは、「代表幹事」です。

日商（日本商工会議所）……全国にある中小企業の代表

1922年に設立された全国の商工会議所の中央連合体です。いわゆる中小企業の代表として政府への要望や中小企業振興のための経営相談などを行っています。トップは「会頭」と呼ばれます。

ほか経済団体では、IT企業を中心に2010年に設立された新経連（新経済連盟）もあります。

財界担当の最大のイベントは「春闘」

財界担当記者の大きな取材イベントは、やはり春闘（春季労使交渉）です。

毎年、年明けとともに経団連と労働者代表の「連合」のトップが会談を行い、労使交渉が本格的に始まります。2月中に大手企業の労働組合が要求を提出し、3月中旬に経営側が集中回答をするのが恒例ですが、ここ数年は政府が経営側に賃上げを要請する

「官製春闘」になっていて、春闘も形骸化した感があります。

また、新卒の採用活動解禁日がどうなるかも、財界関連で注目ニュースです。

COLUMN

「足元」「弱含む」、景気を表す言葉って？

「月例経済報告」は、景気に対する政府の公式な判断を示す報告書です。内閣府が景気動向を示す指標に基づいて毎月とりまとめます。

判断基準となる指標は、個人消費、民間設備投資、住宅建設、公共投資、輸出入、生産、物価、雇用の情勢、海外経済の動向など。

しかしこの「景気の基調判断」には、ふだん聞きなれない言葉が使われます。

たとえば、「弱含んでいる」。「下落する気配を見せている」状態を指す相場用語で、景気が悪化傾向にあることを指します。

また、「持ち直しの動きに足踏みがみられる」。
「持ち直し」は「回復」や「改善」と同義語ですが、「足踏み」は停滞している状態を指します。つまり、回復の動きがいったんとまっている（調整局面に入った）状態です。「足踏み」とほぼ同じ状態を指す言葉として、「踊り場」もよく使われます。

内閣府はこうした言葉を使いながら、政府の景気判断を微妙に上方修正、据え置き、下方修正するのです。

第4章　深読み講座
【1面・総合面・経済面】

ほか、「足元の景気」という言葉がよく使われます。「足元」は「現在の」「当面の」という意味ですが、日常的にあまり使われない言葉なので、最初に聞いたときは戸惑うかもしれません。

「景気ウォッチャー調査」は、「街角の景気実感を示す」という枕詞が使われる少しユニークともいえる景気指標です。

各地の景気に敏感な職種で働く約2000人に内閣府がインタビューし、調査結果を分析して「景気の実感」を発表するものです。

代表的な「景気に敏感な職種」としては、百貨店、スーパー、コンビニなどの小売店やレジャー業界で働く人、タクシー運転手などが挙げられます。

数値は、現況を示すもの(現状判断DIといいます)と、2～3ヵ月の見通しを示すもの(先行き判断DI)が発表され、50以上だと「景気がよい」、以下だと「景気が悪い」と感じる人が多いことを示します。

ほか、重要な統計でいいますと、雇用の重要な指標である「失業率」は総務省が公表しています。一方、「有効求人倍率」は、ハローワークを所管する厚生労働省が公表します。同じ雇用状態を示す指標であっても、「省庁のタテ割り」になっています。

失業率は現在2～3％台で推移していますが、日本では、失業率3％程度が、完全雇用状態だといわれています。これは、企業(求人側)のニーズとマッチングできず、自分の能力を生かせる仕事を探している自発的な失業者が発生するためです。

また、総務省統計局では毎月、消費者物価の動きを示す指標、CPI（全国消費者物価指数）を公表しています。
　アベノミクスの最大の目的は「デフレからの脱却」です。
　日銀は黒田総裁の下、「物価安定目標」として「消費者物価指数が前年比上昇率2％達成」を掲げて、「異次元の金融緩和」を進めています。ですので、アベノミクスの成否を占う意味で、この指標は注目だといえます。

第5章

深読み講座
【企業面・
マーケット面・商品面】

人気No.1の企業面はどう作られているか?

　ビジネスパーソンに、日経のどの情報がビジネスの役に立つかと聞くと、「企業ニュース」という答えが圧倒的です。

　特に企業面は、「企業や業界の内側を深掘りをした情報がある」「自分の業界でなくても、知っておくべき企業情報を理解できる」と、信頼度は抜群です。

日経の屋台骨・企業取材チームとは?

　日経の屋台骨といえば、やはり質量ともに他社を圧倒している企業取材のチームです。

　私の知人の地方記者は、日経の取材体制の厚さを語るエピソードとして、「地方にいたときに某大手自動車会社の社長の取材に行ったら、日経の記者がその地方はもちろん、東京などから5人くらいきていて驚きました。当然、うちは1人でした」と教えてくれました。

　私も企業の会見取材で、日経の記者の多さに「これは敵わないな」と思った経験が何度となくあります。

　日経で企業取材を行うのはまず、「稼ぎ頭」と呼ばれる企業報道部です。

　企業の経営戦略や事業展開、人事など幅広く取材する企業報道部は、100人以上の規模をもつ大所帯です。民放の場合、企業担

当記者はせいぜい数人ですから、日経の取材体制がいかに厚いかわかると思います。

記者の拠点となる記者クラブは、業界ごとに細かく分かれています。

まず東京証券取引所内にある「兜倶楽部」は、上場企業をカバーし、企業系としては最も規模が大きい記者クラブです（証券部が拠点としています）。

以下、代表的な記者クラブです。企業の広報・PR担当の方は、これを参考にプレスリリースの「投げ込み」などメディアへのアプローチを考えるとよいと思います。

❶ 情報通信記者会

東京・港区にあり、情報通信業界をカバー。各社の担当記者は総務省クラブと兼務することも多いです。

❷ 東商記者クラブ

東京・千代田区の東京商工会議所（東商）のなかにあります。中小企業をサポートする役割をもつ東商にあるのですが、中小企業より流通・サービス・食品業界をメインにカバーしています。

❸ エネルギー記者会

東京・千代田区の経団連会館（「電気事業連合会」と呼ばれる電力会社の連合会が入っている）のなかにあり、電力業界をカバーします。電力会社は、経産省の担当記者が兼務するケースも多いです。

❹ 重工業研究会（重工クラブ）

東京・中央区にある日本鉄鋼連盟のなかにありますが、「重工」といいながら、鉄鋼会社だけでなく繊維、アパレル、化粧品、日用品まで幅広くカバーしています。

❺ 自動車産業記者会

東京・港区の日本自動車会館のなかにある記者クラブ。自動車業界担当。

❻ 国土交通記者会

国交省内にあり、鉄道・航空会社や不動産、建設会社などをカバー。民放の場合は、国交省担当記者（社会部が多い）が兼務するケースが多いです。

❼ 厚生労働記者会

厚労省内にあり、医療・医薬、人材派遣会社などをカバー。こちらも民放の場合は、厚労省担当記者（社会部が多い）の兼務が多いです。

ほかにも「郵政記者クラブ（日本郵政）」や「貿易記者会（商社）」などがあります。

異なるアプローチで企業を取材する「証券部」

さらに日経の強みといえるのは、企業報道部のほかにも証券部があって、二重体制で1企業をカバーしていることです。

証券部は、企業の財務諸表や決算資料を読み込み、その経営状況や今後の戦略を探る部署です。

　同じ企業を取材するにしても、企業報道部と証券部はアプローチが異なります。ある企業の広報幹部は、このアプローチの違いを指して、「企業報道部は広報経由でCEOや社長に会いたがりますが、証券部はCFOに会いたがりますね」と語りました。

企業取材の「定型」は日経が作った!?

　企業報道部では、東京証券取引所（東証）の36業種に担当記者がいますが（金融機関は除く）、守備範囲が広いぶん、記者にとっては、「『特ダネ』も取れるかわりに『特オチ』も起こりやすい」という厳しい環境といえます。

　さらに記者には常にスクープが求められ、万が一M&A（企業の合併・買収）や社長人事を他社に抜かれたら「異動になる」と噂されるほどです。

　M&Aやトップ人事のような企業のトップシークレットは、スクープできるかどうかが、記者の「資質」を判断する「リトマス試験紙」になっているということです。

　日経の企業担当記者の取材を物語る一つエピソードがあります。

　企業が決算公表時に取引所からの要請で作成・提出する書類に、「決算短信」があります。決算短信は決算の速報ですが、「かつて

日経が各企業に説明を求めた質問を、定型化したものが決算短信という説がある」(日経OB)そうです。

　つまり、この説に従えば企業取材の「定型」を作ったのは、日経だということになります。

企業からみた「日経の記者」とは?

　取材を受ける企業側は、日経の記者をどうみているのでしょうか？　ある企業の広報幹部は、日経には「他紙以上に気を使う」と明かしました。
「日経の論調で世の中の流れが変わりますし、他のメディアも日経の記事を参考にします。記事で株価も変わります。ですから、私たち企業広報としては『日経ファースト』です。企業のトップのなかには、日経の記者に毎日会っている人もいるくらいです」

　一方で、企業側には、「日経に記事が掲載されることは大きな宣伝PR」と考える節もあります。

　ある企業の広報担当幹部は、「日経の1面を取ることが、企業広報の重要な仕事」と語りました。

　また、別の企業の広報幹部は、「他社と同じタイミングで情報をリリースすると、記事の扱いが小さくなりますが、日経にだけリークすると1面に載ることがあります。記者もそれを売りにしていて、『うちにくれたら1面で出しますよ』と言ってくることがあります」と述べ、日経の記者とはリークを通じた「ウィンウィンの関係だ」と明かしました。

日経の記者からみた「企業の広報」とは?

これに対してある日経関係者は、「企業からのネタの売り込みも多い」ことを認めつつ、「企業からの前向きなネタを大きく記事にすれば、企業側にも喜ばれます。そうやって人間関係ができてくれば、当然、企業内の深い情報も得やすくなり、特ダネも取りやすくなります」と述べました。

こうした取材手法のためか、日経には「リーク偏重主義なため、紙面が読みづらいことがある」、「記事なのか企業広告なのか不明なときがある」という批判があります。

スクープ至上主義は、ときにニュースバリューをゆがませるリスクがあります。

ビジネスパーソンにはぜひ、「この記事は誰かが書かせたのか」という視点ももって、記事を読んでほしいと思います。

企業取材記者の強みと弱み

企業と記者との「ウィンウィン」の関係には、別の問題も生じます。

ある日経OBは、「企業から売り込まれた情報を精査するという『受け身』に慣れてしまうと、企業の倒産や経営危機、不祥事を発見するといった『攻め』の取材ができなくなる」と、日経の現役記者に苦言を呈します。

別の日経関係者は、「日経は某電機メーカーや航空会社の経営

危機で、朝日や読売に特ダネ競争で負けてしまうこともありました。日経には、こうした『企業に都合の悪いネタ』の取材を苦手とする記者もいることも、頭に入れておいたほうがいいでしょう」と語りました。

　企業の不祥事の場合、日経では社会部が主にフォローし、企業報道部はサブにまわって再発防止策など経営寄りの取材を行うことも多いそうです。

日経に対する企業の不平とは？

　記者の担当替えが頻繁だと不平を言う、企業の幹部もいました。
　元IT企業の経営者は、「担当記者が目まぐるしく配置転換をされ、当社を理解してくれたと思ったら新たな担当者が着任。重層的、多面的なコミュニケーションの構築が不可能だ」と嘆いていました。
　しかし企業側にはいろいろと不平がありつつも、「やはり最後に頼りになるのは日経」との意見が大半です。企業と日経との愛憎劇は、今後も続きそうです。

証券部出身の記者は日経を辞めてから活躍する！？

　さて、証券部ですが、「企業報道部に比べると客観的に企業と向き合う」といわれる一方で、「公募増資や決算を抜かないといけないので、よく思われるようにする」部分もあるようです。
　証券部は、企業だけでなく、会計士や監査法人、弁護士などへの取材も多く、専門性が高いためか、「日経を辞めてから活躍しているのは証券部出身が多い」という話もあるそうです。

スクープが一転……。企業取材の「リスク」とは？

　企業ニュースの「スクープ」が、結果的に「誤報」「フライング」となったケースもあります。

　2011年8月4日朝刊で1面トップを飾った「日立・三菱重工統合へ　13年に新会社、世界受注狙う」という記事は、世紀の大スクープといわれ、当時経済デスクだった私も度胆を抜かれました。

　記事は、「日立製作所と三菱重工業は経営統合へ向け協議を始めることで基本合意した。2013年春に新会社を設立、両社の主力である社会インフラ事業を統合する」と報じました。さらに、「4日午後に発表する」と伝え、誰もがスクープであることを疑いませんでした。

　しかし、三菱重工は日経の記事に対して、「当社の発表に基づくものではありません」と全面否定をし、日経に対して「極めて遺憾、断固抗議する」とのコメントを発表しました。

　また、日立も「合意した事実がない」として、結局4日の正式発表は行われませんでした。

　これをうけ日経は、同日の夕刊で「将来の経営統合を視野」として、報道内容について後退せざるをえませんでした。

　合併交渉は報道されることによって潰れることもありますので、これが「誤報」だったのか、「フライング」だったのかは判断の分かれるところですが、あらためて企業取材のリスクを感じた一

幕でした。

AI(人工知能)が書いている「決算サマリー」

　日経は、AI（人工知能）を使った記事作成を始めました。「決算サマリー」は、上場企業が発表する決算データをもとにAIが文章を作成、適時開示サイトでの公表直後に、売り上げや利益などの数字とその背景など要点をまとめて配信します。

　元データである企業の開示資料から文章を作成し、配信するまでは完全に自動化していて、人によるチェックや修正などは一切行わないということです。

　AIの「決算サマリー」は、上場企業約3600社の大半に対応し、電子版などで、読むことができます。

ルーティンで単調な決算記事はAIが適任!?

　AIが記事を書くことに対し、日経社内では「証券部の記者の仕事が奪われるのでは」「記者が育たないのでは」という懸念の声もありました。

　一方で、「ルーティンで単調な決算記事から記者を解放して、他の取材にあたらせれば生産効率が上がる」という声もあります。

　アメリカでは、第一報は通信社に任せ、新聞社の記者はあくまで調査報道が主体です。

　一方、日本の記者は第一報の取材の負荷が大きすぎて、調査報

道になかなか進めません。ですから、「決算サマリーは誰でも書ける記事なので、AIに任せるべき」（関係者）なのかもしれません。

読者にとっては、AIと記者のどちらが記事を書いても、記事が正確であれば構わないのですが、記者にとっては「死活問題」になりかねないといえそうです。

マーケット面を読むために必要な株式市場の基礎知識

次に、マーケット面の読み方です。マーケット面を書くのは主に証券部です。

ここでまず、まだビジネスや投資経験のない読者のために、株式市場とは何かについておさらいします。

株式市場とは何か

証券取引所での売買（立ち会い）は、土曜日、日曜日、祝日（振替休日等を含む）、12月31日および年始3日間を除いて毎日行われています。

立会時間は、東京証券取引所の場合、午前9時から11時30分（前場といいます）と午後0時30分から3時（後場）までです。

ちなみに欧米の株式市場は前場・後場の区別はなく、取引が途切れることはありません。

市場の国際化のため、日本の取引所は取引時間を拡大し、2011年11月に東京証券取引所をはじめ国内全5取引所におい

て取引時間の拡大が行われました。

　国内取引所の前場の現物取引時間は30分間延長され、前場の取引時間帯がそれまで午前11時までだったのが、11時30分終了となりました。

　余談ですが、午前11時30分ごろからお昼のニュースを流している民放テレビ局は、前場の終了から放送までの時間が短くなりました。これにより、記者が原稿を書いてデスクがチェックする時間も短縮され、記者やデスクの負担が増えることになっています。

日経平均株価とは何か

　株式市場の株価水準を表す指標には、いくつか種類がありますが、最も使われることが多いのが「日経平均株価」です。

　日経平均株価は、東証第一部上場銘柄の約2000社のうち、取引が活発で流動性の高い225銘柄を日経が選び、ダウ平均株価をもとにした計算方法（「単純平均」に指数を掛け合わす方法）で平均値を算出しています。

　1950年に東証が「東証修正平均株価」として始め、その後1969年にTOPIX（トピックス）と呼ばれる東証株価指数を開始して、この「修正株価」の公表をやめたので、日経が引き継いで「日経平均株価」に名称を変更したものです。

　銘柄は、年に1回、10月に入れ替えがあり、業種のバランス、流動性の高さ、経済の実勢を反映しているかなどをもとに判断・決定されます。ほかにも倒産や上場廃止をされた場合は、入れ替えとなります。

日経平均株価の主な採用銘柄（社名）

- トヨタ自動車　●NTTドコモ　●日本電信電話　●JT　●KDDI
- 三菱UFJフィナンシャル・グループ　●本田技研工業
- 日産自動車　●三井住友フィナンシャルグループ
- みずほフィナンシャルグループ　●ソニー
- セブン&アイ・ホールディングス　●キヤノン　●東海旅客鉄道
- 東日本旅客鉄道　●アステラス製薬　●ファーストリテイリング
- ファナック　●武田薬品工業　など

　基本的に単純平均なので、値がさ株（1株当たりの価格が市場全体の平均値に比べ高いもの）の動きに左右されやすい傾向があり、「株式市場全体の動きを反映していないのではないか」という批判もあります。

　ちなみに、TOPIXは東証一部上場銘柄の全銘柄が対象となっています。

「市場体温計」と「株式市場の投資指標」で株価の行方を占う

　市場関係者が今後の株価の行方を考えるときに、活用するのがマーケット面にある「市場体温計」と「株式市場の投資指標」です。

株価の行方を占う「市場体温計」の紙面

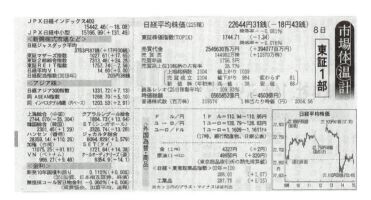

2018年8月9日朝刊

　朝刊のマーケット1面にある「市場体温計」には前日の日経平均株価の終値が載っていて、たとえば、2018年8月8日の終値は2万2644円でした。

　また、同じ面には「株式市場の投資指標」があり、そこにはPER（株価収益率）の数字が載っています。

　PERは株価を予想1株利益（EPS）で割ったもので、数字が大きいほど株価が割高ということです。

　たとえば2018年8月8日ですと、13.35倍という数字になっています。

市場のプロが使うこともある手段とは？

　そこで、今後の株価がどうなるかを予測してみましょう。

予想EPSの数字そのものは出ていませんが、「PER＝株価÷予想EPS」ですので、「予想EPS＝株価÷PER」となります。
　つまり、上記の日の予想EPSは1696円となります。

　PERはここ数年、平均的に14〜16倍の間を中心に推移しています。つまり13.35倍というPERは、やや低めということになります。
　一般的に市場のムードが良いとPERは上がる傾向にあり、16〜17倍になることもあります。そうなると今後、円安進行など株式相場に良いニュースがあれば、PER16倍なら1696円×16倍で2万7136円くらいはあるかもしれない、という判断ができます。
　逆に今後、この水準を超えるような株価になれば、いくらなんでも売るぞという心づもりを、事前にしておくことができます。

　また一方、円高進行や米国の景気後退などで市場心理が悪いと、PERは13〜14倍になります。
　予想EPSで13倍なら2万2048円です。
　この場合は先ほどの逆で、かなり悪い材料があっても、この辺りまで下がれば底値だという判断もできます。
　実は株価を予想PERで割って予想EPSを出し、それに予想PERの上限・下限の数値をかけて、当面の株価の上値・下値のメドを予想するのは、市場のプロもよく使う手段です。
　日経のマーケット面には、その材料が載っているということになります。

第 5 章　深読み講座
【企業面・マーケット面・商品面】

最新情報が確認できる電子版でチェックしよう

ただし、予想EPSは時間が経つごとに変わります。

特に決算期の前後は、こまめに計算して予想EPSの値そのものが変わっていないかも、注意しておくべきです。

電子版では、「マーケット」→「株式」→「国内株式指標」と進むと、当日の日経平均株価の終値や予想PERの数値が出ています。また、上記の作業をより新しい当日の株価ベースで行うことが可能です。

市場のプロたちはマーケット面をこう読んでいる

市場のプロは、日経のマーケット面をどう読んでいるのでしょうか？

マネックス証券のチーフ・ストラテジストの広木隆さんに聞いてみました。ポイントは4つあります。

ポイント❶ 速報性は紙に期待しない

広木さんはまず、新聞の紙面に速報性を求めることはほとんどないと言います。

「こういうマーケットの仕事をして、デスクで情報端末の前に座っていると、ニュースが常に流れてきます。それを翌日の朝刊や夕刊でみると、既に知っているニュースだったりするわけです。

しかしいまこういう状況に置かれているのは僕らのような商売

マネックス証券チーフ・ストラテジストの広木隆さん

だけじゃなくて、一般の人たちでも毎日スマホをみていると、どんどんニュースが飛び込んでくるんですね」(広木さん、以下同)

「速報性では、紙はネットに完全に凌駕されています。速報、特ダネ、スクープは電子版で瞬時に流れるわけですよ。日経も電子版のほうが、圧倒的に情報が早いです。だから紙の新聞を読む意味は、オピニオン、コラムにあると思います。日経では、コラムニストが顔写真入りの実名で記事を掲載しています。たとえばITにとても詳しいコラムニストがいて、いまの中国のITの進化など、彼の記事から多くのインパクトをもらっています。コラムやオピニオンを読むのが、日経の読み方ではないかと思います」

第 5 章　深読み講座
【企業面・マーケット面・商品面】

ポイント❷ 「株式市場の投資指標」は必ずチェック

　マーケット面の記事は、「商売柄、データベースを持っているので、だいたいわかっている」と語る広木さん。とはいえ、マーケット面でもいくつか必ずチェックする記事があります。

「僕が必ずチェックするのは、『株式市場の投資指標』です。ここには『日経平均採用銘柄』のPER（株価収益率）がありますが、日経平均は指数ですから、そもそも1株当たりの利益はありません。

　しかし最も重要なのは、日本の企業全体の利益がどう伸びているかです。『日経平均株式会社』という持ち株会社があったとして、その下にトヨタやソフトバンクなど225の企業がぶら下がっているとします。

　そうすると、『日経平均株式会社』の利益を合算したEPS（1株当たりの利益）は、いってみれば『ニッポン株式会社』そのものの1株当たり利益に相当するといえます。

　一般の読者の方はそんなに注意をする必要はないかと思いますが、より専門的に日本企業の利益動向を追いかけている僕らみたいなプロは、毎日この数値をみています」

ポイント❸ 「スクランブル」はプロのコメントを読む

「マーケットの1面では、指標のほかに『スクランブル』をみます。かつては日経金融新聞の裏面にあった、名物コラムでした。

『スクランブル』は記者が全部書いているのではなく、僕のような専門家に取材して、コメントを引用しています。プロであって

も、他のエコノミストやストラテジストなどプロの意見やコメントは参考になります」

　プロの意見をビジネスパーソンが自分で集めていたら、それだけで膨大な時間が必要になります。
　日経の「スクランブル」をはじめとした記事には、多くのプロの意見やコメントが引用されています。したがって、忙しいビジネスパーソンは、「スクランブル」にざっと目を通すだけで、多くのプロの見方を瞬時に知ることができます。
　ただ、「その際に気を付けなければいけないことがある」と広木さんは言います。

プロの見方を瞬時に知ることができる「スクランブル」の紙面

2018年8月9日朝刊

「こうしたコメントは、その人の発言の一部しか使われません。本当はコンテキスト（文脈）のなかで使っているフレーズなのに、そこだけ切り出されて記事になっているという可能性が十分あります。ですから、そのコメントの裏まで、斟酌しなければならないと思います」

ポイント❹ 銘柄推奨記事は「身内意識」に気を付ける

相場分析や決算など専門知識を必要とされる証券部では、どの銘柄を選ぶのかといった株の推奨記事も書いています。

最後に広木さんは、この銘柄推奨記事について、ビジネスパーソン向けにこんなアドバイスをしました。

「アナリストはその『銘柄に恋をしてしまう』ことがあります。取材に行ってIRや広報、経営者に取材すると、次第に『深い間柄』になっちゃうんですね。そうすると悪い材料が出てきても、売り推奨なんて書けないわけですよ。

日経の企業担当も、実はそういうところがなきにしもあらずで、毎日足しげく通っているとどうしても身内意識が出て、企業側に甘くなりがちですね」

日経が書くと相場が逆に動くってホント？

一方、日経のマーケット面に対して、市場関係者から批判的な声も聞かれました。

ある市場関係者は、「市況欄は若い記者が書いていますが、わかっていないなと感じることがあります。いまの若い記者は生まれてからずっとデフレで、株価が上がることに慣れていません。なので、株価が上がることに対してネガティブで、下がると喜んで書く傾向があります」との見方を示しました。

また別の関係者は、「日経の記者は投資経験がありません。かつてインサイダーの事件があって、個人の資産運用で生株（株式）の売買は全社員禁止です。規定では一部の投資信託は禁じられていませんが、雰囲気的にほとんど誰もやりません。『あつものに懲りてなますを吹く』ですね。つまり日経の記者は、体験していないことを書いているということです」と厳しい見方をしています。

「靴磨きの少年が株を語りだしたら天井」ってどういうこと？

また、株式市場では「日経が書くと相場が逆に動く」という言葉があります。

これは、市場関係者の格言となっている「靴磨きの少年が株を語りだしたら天井（最高値）」に通じるものがあります。

「靴磨きの少年」の格言は、アメリカのケネディ元大統領の父で

相場師だったジョセフ・ケネディ氏が、靴磨きの少年が株の話をしたのを聞いて、大恐慌の前に見事に株を売り逃げしたという逸話から生まれました。つまり、ふだん株に関心のない層が株に興味をもち始めたら、相場は過熱しているという証拠で、そろそろ天井だということです。

「日経が書くと相場が逆に動く」という言葉も「日経に書かれてみんなが関心をもってしまうと、その相場は手仕舞いしたほうがいい」という意味で、どうやら日経の「有名税」といえそうです。

また、市場関係者の間ではよく「株価が上がると、日経の購読者数が増える」といわれています。

しかし日経の関係者に聞いてみると、「日経マネーなどの雑誌には影響があるかもしれないが、宅配の売り上げが上がるというのは聞いたことがない」とのことでした。

さらにいうと、こうした雑誌の売れ行きに影響があるのは、株価よりも出来高だということです。

市場関係者が注目する日経なので、そのぶん日経にまつわる話も多いようです。

物価情報の宝庫、商品面の読みかた

ビジネスの基本は、「モノの価格」です。なぜなら商品価格の変動から、消費者や顧客のニーズ、生産サイドの課題を読み取る

ことができるからです。

できるビジネスパーソンは物価変動の要因を読み解く

そうした商品価格情報の詳細を伝えるのは、大手紙のなかで日経オンリーです。

先述の通り、日経はそもそもコメや塩などの商品相場や貿易概況を伝える専門紙でした。つまり商品面を担当する商品部は、日経の始まりからあった、最も伝統的な部署だといえます。

かつて市場で相場が立たない商品（当時は「ネジ、釘」など）は、日経の記者が業者を取材して「相場を作っていた」といわれ、当時の取り扱い業者は、日経が作る相場表に一喜一憂していたといいます。

おおよそ世の中にある物の値段が表示されている商品面は、「物価情報の宝庫」といえそうです。

ビジネスパーソンは、「物価の変動の裏側にあるのは何か」を考えることで、さまざまな経済活動がみえてくると思います。

若手ビジネスパーソンに推奨したいコラム

日経の名物コラムに「大機小機」があります。

官僚、エコノミスト、社内の有識者がペンネームで、ときの経済・金融政策へ歯に衣を着ぬコメントをしたり、経済状況に独自

日経の名物コラム「大機小機」の紙面

2018年8月9日朝刊

の見方を示したりと、まさに快刀乱麻のコラムです。

私は金融マン時代に、先輩から「これは勉強になるから毎日読むように」と言われ、いまではすっかりこのコラムのファンとなりました。ときに「ニヤリ」とさせ、ときに「なるほど」と唸らせる執筆陣の筆力はいつもさすがだなと思っています。

「大機小機」は電子版でフォローすれば、読み逃しなくまとめ読みが可能です。

経済教室面にある、日経社外の有識者が執筆した「経済教室」や「私見卓見」「やさしい経済学」も目を通すといいでしょう。

といっても、この文字量の記事を、朝に読む時間のあるビジネスパーソンは、少ないと思います。

あるファンドの幹部は、「内容を読むことはできないが、誰が

書いているのかはチェックしていて、面白そうなコラムだったら後日執筆者の論文を検索してみます」と語りました。

「経済教室」には、本記の前に記事のポイントが書かれています。

朝はポイントだけ目を通し、こちらも電子版でフォローして「あとで読む」のがベストでしょう。

COLUMN

ベンチャー広報のメディア・アプローチ術

私は、ベンチャー企業の広報担当者向けに、メディアについて講義をする機会があります。その参加者からは、「事業が軌道に乗り、広報に力を入れようとしているものの、メディアとどう付き合えばいいのかわからない」、「メディアでの露出を増やすにはどうすればいいのか」といった相談をよく受けます。

たとえば、記者クラブや番組スタッフルームのデスクの上には、常にさまざまな企業からのプレスリリースが山積みになっています。そのなかでみなさんの企業のリリースが、記者やディレクターの目に留まるのにはどうしたらいのかを、ここで考えてみましょう。

私には大きく2つのアドバイスがあります。

1つ目のアドバイスは、「流行のトレンドや社会課題を知ること」です。

記者やディレクターが知りたいことは、「いま読者（視聴者）は何に興味があるのか」「どんなネタが受けるのか」です。彼らは、

これから流行りそうなトレンドや社会を騒がせそうな課題に、常にアンテナを高く張っています。

ですからみなさんは、記者より少しだけ先回りし、自社の商品やサービスが今後のトレンドや社会課題にどう関連するのかを、わかりやすく提示すればいいのです。

たとえばリリースのなかで、「こんな流行トレンドが生まれそうなので、弊社の商品が注目されそうだ」とか、「こうした社会課題に対するサービスを、弊社が独自開発した」とプレゼンすれば、記者やディレクターは必ず関心を示すでしょう。

テレビには「1社もの」という言葉があります。これは番組内で1社だけを取り上げることは、原則ご法度という意味です。なぜなら、番組がその企業のPRや広告となってしまう可能性があるからです。しかし世の中のトレンドや社会課題が背景にあって、1社だけでも取り上げる意義があると判断された場合は例外となり、みなさんの企業に大きな露出のチャンスが生まれてきます。

2つめのアドバイスは、「記者を知ること」です。

記者や番組ディレクターと顔見知りになり、雑談できるような関係になれば、彼らが日頃からどんなことに関心や興味があるのかぜひ探ってみてください。

記者らも所詮は人、自分に関心がないことには取材に積極的に出向きません。ですから、「この子育て関連のアプリは、独身のA記者は興味がなさそうだけど、子育て真っ最中のBディレクターなら関心が高そうだ」などとわかれば、2人にアプローチする場合でもメリハリのつけた効率的なアプローチが可能になります。

まさに「彼を知れば……」だといえます。

東証の36業種と主な企業（2018年8月版）

業種	主な企業
水産 (11)	マルハニチロ、サカタのタネ、日本水産など
鉱業 (7)	国際石油開発帝石、石油資源開発など
建設 (185)	大和ハウス工業、積水ハウス、大東建託、大成建設など
食品 (127)	日本たばこ産業、アサヒグループホールディングス、キリンホールディングス、サントリー食品インターナショナルなど
繊維 (48)	東レ、帝人、ワコールホールディングスなど
パルプ・紙 (24)	王子ホールディングス、レンゴー、大王製紙など
化学 (207)	信越化学工業、花王、資生堂、富士フイルムホールディングスなど
医薬品 (68)	武田薬品工業、アステラス製薬、中外製薬など
石油 (11)	JXTGホールディングス、出光興産、昭和シェル石油など
ゴム (20)	ブリヂストン、住友ゴム工業、横浜ゴムなど
窯業 (57)	AGC、TOTO、日本特殊陶業など
鉄鋼 (47)	新日鉄住金、JFEホールディングス、日立金属など
非鉄金属製品 (127)	住友電気工業、住友金属鉱山、SUMCOなど
機械 (233)	ダイキン工業、コマツ、SMC、クボタなど
電気機器 (262)	ソニー、キーエンス、キヤノン、日本電産など
造船 (5)	川崎重工業、三井E&Sホールディングスなど
自動車 (76)	トヨタ自動車、ホンダ、日産自動車、スズキなど
輸送用機器 (12)	シマノ、新明和工業など

第 5 章　深読み講座【企業面・マーケット面・商品面】

業種	企業例
精密機器 (53)	HOYA、テルモ、オリンパスなど
その他製造 (117)	ヤマハ、バンダイナムコホールディングス、大日本印刷など
商社 (349)	三菱商事、伊藤忠商事、三井物産、住友商事など
小売業 (263)	ファーストリテイリング、セブン&アイ・ホールディングス、イオン、ニトリホールディングスなど
銀行 (89)	三菱UFJフィナンシャル・グループ、三井住友フィナンシャルグループ、ゆうちょ銀行など
証券 (21)	野村ホールディングス、大和証券グループ本社、松井証券など
保険 (12)	東京海上ホールディングス、第一生命ホールディングスなど
その他金融 (373)	SPDR S&P500 ETFなど
不動産 (126)	三菱地所、三井不動産、住友不動産など
鉄道・バス (30)	JR東海、JR東日本、JR西日本、東京急行電鉄など
陸運 (36)	ヤマトホールディングス、SGホールディングス、日本通運など
海運 (13)	日本郵船、商船三井、川崎汽船など
空運 (5)	日本航空、ANAホールディングスなど
倉庫 (39)	上組、三菱倉庫、近鉄エクスプレスなど
通信 (35)	NTTドコモ、ソフトバンクグループ、NTT、KDDIなど
電力 (13)	関西電力、中部電力、東京電力ホールディングスなど
ガス (9)	東京ガス、大阪ガス、東邦ガスなど
サービス (950)	日本郵政、任天堂、リクルートホールディングス、オリエンタルランド、ヤフー、セコム、電通など

第 **6** 章

日経をもっと
活用するための
8つのスタイル

| スタイル ❶ | 電子版にみる ビジュアルデータと映像 |

　序章で、テレビ局が新聞社から優位に立つ理由は「映像」にあると述べました。しかしネット、スマホの普及によって、その優位性も崩れつつあります。

　その象徴なのが、電子版の「映像」カテゴリーです。

　映像の内容は解説委員のショート解説から記者会見までさまざまで、簡単な文字スーパーも載っています。映像のプロの目からみて、正直に申し上げると、まだまだ「素人レベル」ではありますが、今後の可能性を予感させるものです。

　いま日経では、記者にスマホをもたせ、現場で映像を撮ってくるよう指導しているそうです。

　若い記者は日頃からスマホで動画を撮ることに慣れているので、今後、撮影技術を磨いていけばテレビクルー並みの映像を撮れるようになるかもしれません。また、映像の編集技術も改善されていくでしょう。

インスタ世代を意識した「タイムライン」にも要注目!

　一方、私が注目しているのが、「ビジュアルデータ」というカテゴリです。

　たとえばG7が行われると、それに合わせて作られた「よくわかるG7」では、G7各国のGDPなどの世界シェアのデータが、ビジュアルでわかりやすく表示されます。

また、さらに注目なのが、サッカーのロシアW杯やシンガポールで行われた米朝首脳会談の際に作られた、SNSさながらの画像とショートコメントを使った「タイムライン」です。

　これまでの新聞の常識を覆し、インスタ世代にもニュースに親しみをもってもらう試みは、デジタルファーストの日経ならではだと思います。

「米朝首脳会談」の際のタイムライン

デジタル・ネイティブに馴染みやすいSNSのさながらのタイムラインで世紀の瞬間を報道した

「ビデオ」タグを選択すると、テレビ東京が提供する映像のほか、現地にいる記者が撮ったと思われる臨場感あふれる動画も出てくる

第 6 章　日経をもっと活用するための8つのスタイル

スタイル❷ 日経の目指す「アジア戦略」でビジネス感度を高める

　日経がいま注力しているのが、成長著しいアジア市場です。なぜなら日本の多くのビジネスパーソンの目が、いまアジアへと向いているからです。

　日経はアジア、米州、欧州を中心に、世界各地に37ヵ所の取材拠点を設けていますが、このうち17ヵ所がアジアの取材拠点です。

　2014年にはアジア編集総局をタイ・バンコクに設け、ニューヨーク、ロンドンとの3極編集体制を確立しました。

　紙面では、通常国際面に含まれるアジア関連記事を、アジアBiz面として独立させています。

　また、本社にある海外部門の統括部署は、国際アジア部と名付けられています。

2015年に日経が始めたAsia300とは？

　アジアBizをみると、「Asia300」という文字が目につきます。

　日経は2015年に、東南アジア、インド、中国・香港、韓国、台湾の上場企業から、時価総額や成長性をもとに選りすぐった約300社を「Asia300」と名付けました。

　アジアBizでは、記事中の「Asia300」企業を太字にするなど、情報発信を強化し、電子版では「国際・アジア」カテゴリで地域別に情報を一覧できます。

日経はまた「Asia300」の企業をベースに算出した「日経アジア300指数」を公表しました。この指数は、アジア11ヵ国・地域の主要企業約330社の株価の動きを総合的にとらえた指数で、朝刊1面のインデックスなどに値を表示しています。
　日経のアジア企業に関する情報量は、日本のメディアのなかでずば抜けています。日本語で読めるアジアのビジネス情報紙として、アジア関連のビジネスパーソンには必携でしょう。

　さらに日経は、アジア最大の英字経済紙を目指して、2013年秋に英文メディア『Nikkei Asian Review (NAR)』を創刊しました。
　アジア向け英字経済紙はウォール・ストリート・ジャーナルも発行していますが、「アジア人の目線で見た英字のアジア経済ニュース」はこれだけといえます。
　NARは週刊ですが、ウェブサイトは日々更新しています。

FTを買収した日経の狙い

　既に触れた通り、日経はFTをグループの傘下にしました。
　FTは1888年にロンドンで創刊した、世界を代表する英字経済紙です。
　サーモンピンク色の紙面で親しまれているFTは、世界中のビジネスパーソンの必読紙として約90万人の読者に向けて情報発信をしています（うち約70万人が電子版購読者）。
　日本でもFTファンは多く、外国メディアではブルームバーグ

やウォール・ストリート・ジャーナルと並んで、日経と併用されています。

　FTは40以上の国・地域に約600人の編集スタッフを抱え、日刊紙のほか、電子版「FT.com」、週末版『FT Weekend』といった複数の媒体を展開しています。
　スマホが普及し新聞の発行部数が減少するなかで、FTがいち早く始めたのが「デジタルファースト」でした。
　FTは紙の新聞発行を優先する編集体制を見直し、紙より早く電子版にニュースを流すことにしたのです。
　これに倣(なら)った日経は、「デジタルファースト」を合言葉に、FTと編集面での協力だけでなく、販売や広告、デジタル技術など幅広い分野で協業しています。
　FTとの人材交流も盛んで、デジタル開発部門や編集部門では両社の社員が行き来しています。また、お互いのコンテンツ交換も拡大していて、オピニオン面には、FTの解説記事の翻訳が掲載されています。

米市場ウォッチには「ウォール街ラウンドアップ」

　また、国際面ではありませんが、日経の夕刊のなかで私が必ず目を通すのは、マーケット・投資面に掲載されている「ウォール街ラウンドアップ」です。
　その理由は閉まったばかりのニューヨーク市場の様子が、生々しく描かれていることです。さらに、米経済の新しい動きやトレンドがコンパクトにまとめられていることもあります。

もちろん私は夕刊を待ちきれないので、電子版で読んでしまいます。

　金融市場の情報は、第4章で「片手にスマホで紙を読む」とよいとお伝えしましたが、電子版の拡大で新聞社は「時差」をほぼ完全に克服したといえます。

ビジネスパーソンから不満の声が上がる国際面

　ただ、海外でのビジネス経験が豊富なビジネスパーソンから、最も不満の声が上がるのが残念ながら国際面でもあります。
「海外の記事が薄い。特に中国にいくと報道と全然違うなど、現実のほうがスピードは速い」
「グローバルな企業活動に関する記事を、もっと充実させてもいいのでは」
「国内市場を前提とした紙面なので、グローバル市場目線の感覚が養えない。世界市場での主要プレーヤーについてあまり知ることができないので、もっと充実させてほしい」

　こうした声が上がるのも、日経に対する期待の高さの裏返しなのでしょう。

スタイル❸ オピニオン面でニュースの理解度を深める

　平日は、オピニオン面で日経のコメンテーターの記事を読めます。

オピニオン面では大型コラム「核心」に加えて、日経の看板ライターとして指名された6人のコメンテーターが、独自の視点を提供する大型コラム「Deep Insight」もあります。

また、FTとの協力によるコンテンツ、FTやイギリスのエコノミスト誌の翻訳記事もオピニオン面で読むことができます。これらの記事は、電子版では有料会員向けとなっています。

先述のマネックス証券のチーフ・ストラテジストの広木さんは、オピニオン面についてこう言います。

「経済指標や市場の値については、既に知っているので紙面でみることはありません。しかし、『大機小機』や『経済教室』、『やさしい経済』、『私見卓見』などのコラムは、いろいろな分野の識者が書いています。一般紙では例がないんじゃないですか。特に『オピニオン』は読みます。FTを買収してから、マーティン・ウルフ氏（FTのチーフ・エコノミクス・コメンテーター。世界で最も影響力のある経済ジャーナリストの1人）の記事も読めるようになりました。また、オピニオンではコメンテーターが6人いて、それぞれ政治やシリコンバレー、マーケットなど専門分野があります。読みごたえがあり、ぜひ読むべきですね。私にとって日経とはニュース記事より『オピニオン』です」

50人以上いる編集委員の役割とは？

ちなみにコメンテーターのほかにも、日経には50人以上の編集委員がいます。

通常、記者は事実の客観報道を心がけますが、編集委員は自身

の見解や主観を書くことができます。

　編集委員は記者、デスクなどの経験を経た40代前半以上からなり、多くは経済解説部に所属しています。

　ほかにも編集委員に準じた、デスク兼務のシニアエディターという役職もあります。

グローバルスタンダードといえる署名記事の意義

　第3章でも触れましたが、これまで日経では署名記事が少なかったのですが、FTの影響で最近はスター記者や看板ライターを育てて前面に押し出す空気が社内に生まれました。

　アメリカの新聞は基本的に署名記事です。記者は署名によって個人として記事に対する責任を負い、一方で読者は「この記者であれば読みたい、信頼できる」と記事を読むようになります。

　ビジネスパーソンのなかには、「記事は執筆者をみて読む」という人が増えています。好きな解説記事やコラムを開いてみると、「オピニオン」に人気が集まる一方で、匿名の「社説」やコラム「春秋」を読んでいると答えた人がほとんどいなかったのもその表れではないでしょうか。

　メディアは「会社より個人が評価される時代」に向かっています。日本のメディアは、やっと「グローバルスタンダード」に近づいてきたのかもしれません。

スタイル ❹ 「裏（文化面）」から読んで楽しむ

　日経は「裏（文化面）から読む」読者が意外と多く、その理由の一つが連載小説です。

日経には官能小説も載っている!?

　新聞の小説といえば、格調の高い小説のイメージがあるのですが、日経は「格調からの転換」を旗印に、時々「官能小説」も掲載します。
「王道はエロ・歴史・エロ・歴史の順番」（関係者）ということですが、お堅いイメージの日経にとって、意外性を追求した一方で、「日経ブランドを自ら毀損しているのではないか」と懸念する声もあります。

渡辺淳一が日経に書くと株価が上がる？

「渡辺淳一が日経に書くと、株価が上がるというジンクスがあるのを知っていますか？」

　ある市場関係者によると、こういうことです。
「1996年は、バブル後最高値がつきましたが、当時日経では、大ブームとなった『失楽園』が連載されていました。また、『愛の流刑地』を書いたころは、連載初日が底値で連載終了日に向けて株価が急上昇しました。さらに、2013年1月に渡辺淳一氏が『私の履歴書』を書いたときも、株価が上がりました」

2017年9月から林真理子氏の『愉楽にて』が連載されていますが、株価が上昇トレンドにあることから、市場関係者の間では「渡辺淳一の次は林真理子」と期待する声もあるようです。

名物コラムとして人気の「私の履歴書」

　文化面の名物コラムとして知られる「私の履歴書」が始まったのは1956年です。

　開始当時、存命の著名人の半生史は珍しく、またその半生が生々しく描かれていることで人気が一気に高まったといいます。

　この人気はいまだに続いていて、ある投資ファンドの幹部は「『私の履歴書』は、ビジネスパーソン同士の会話の成立という点からも、純粋に読み物としても、そこらの小説より面白いという点で必須」だと述べています。

　ただ、「1年に1人くらい、途中であきらめる駄作もある」とも言っていましたが。

　この連載企画は、政治家や実業家のみならず、芸能人、スポーツ選手、文化人も登場します。

　第1回は鈴木茂三郎氏（社会党委員長）。首相在任中の岸信介氏や自民党幹事長時代の田中角栄氏も、現役バリバリで登場しました。

　「私の履歴書」に関するトリビアで有名な話ですが、松下幸之助氏は唯一、2度登場しています（1956年、1976年）。

　イギリスの元首相のマーガレット・サッチャー氏やアメリカの元大統領ジョージ・W・ブッシュ氏など、外国人が登場した例もあります。

登場人物の多彩さ、幅広さもこの企画の人気を支えているといえます。

　また、登場した人物が連載中の題字を担当することもあります。

　これまで登場した人物は電子版で「私の履歴書」で検索すれば確認できます。関連書も出版されているので、過去の記事をまとめて読むこともできます。

　もちろん電子版でフォローし、週末まとめて「あとで読む」ことも可能です。

「私の履歴書」は誰が書いているのか

　さて、「私の履歴書」は、本人が書いているのでしょうか？

　関係者によると作家を除いて本人が書く例はほとんどなく、登場人物に語ってもらうのを、日経の担当者（通常、管理職クラス）が口述筆記するそうです。

　たとえば2017年に元プロ野球投手の江夏豊さんが登場した際には、江夏さんに所縁のある運動部経験者がまとめたといわれています。

「私の履歴書」を担当するのは、文化面担当の文化部です。文化部には、「私の履歴書にぜひ登場したい」という企業側からの売り込みもあって、ラインナップは先々まで決まっているそうです。また、「企業経営者が自ら書くと、日経側で手を入れづらくなる」という悩みもあるそうです。

伝説となった「私の履歴書」とは？

　最近の「私の履歴書」でビジネスパーソンの話題をさらったの

が、2015年のニトリホールディングス創業者、似鳥昭雄社長でした。

似鳥社長の半生は、企業経営者として信じられない強烈なエピソードばかりで、「面白すぎる」「あの話は本当か」と当時ビジネスランチの話題をさらいました。

たとえば、次は貧乏な家庭に育った幼少期のエピソードです。
「子供だった昭和20年代は本当に過酷だった。とにかくちょっとでもへまをすると両親からは殴られる。今の時代なら虐待ととられるかもしれない。空腹のあまり『もっと食べたい』なんて言ったら、味噌汁をぶっかけられ、ぶん殴られた。

父からも月に一回ぐらい、気絶するまでなぐられた。熱があっても手伝いは休めない。逆に『気が抜けている』とひどく怒られる。だから頭はいつもコブだらけだった」

もはや、エピソードというには壮絶すぎるストーリーですが、中学時代に家業のヤミ米配達中に、いじめを受けて死にかけたという話もあります。
「中学校の時、北海道大学の職員が住む住宅地へヤミ米を配達しているときの話だ。札幌市内を流れる創成川沿いでばったりと同級生たちと出くわした。嫌な予感が走ったが、もう避けられない。同級生たちは自転車もろとも川に突き落とした」

ほかにも思わず事実か疑ってしまうようなエピソードの数々。似鳥社長本人はもちろん「すべて事実」としていますが、日経関係者に聞くと「裏は取れませんよね」と笑っていました。

文化面の人気企画「交遊抄」は記者のための接触ツール!?

　同じく文化面の人気企画に「交遊抄」があります。「交遊抄」は文字通り、登場人物が自らの交友関係を語るものです。「交遊抄」も「私の履歴書」と同様、企業人は「一度は出たい」という人気コーナーです。

　こちらは各取材部が持ち回りで担当していて、記者は取材したい経営者への「接触ツール」として活用するケースもあるそうです。また、同じやわらかめの連載記事「私の読書」も「接触ツール」として使われるそうです。

「交遊抄」は本人が書くこともありますが、その場合「登場する友人の数は原則1人、せいぜい2人まで」というルールを設けています。なぜなら本人が書くとどうしても紹介したい友人が増えてしまい、読者が混乱して読まれなくなるからだそうです。

文化面を彩るそのほかの名物企画

　ほかにも文化面には名物企画があります。
「文化」欄は、「変わり者を取り上げるとよく読まれる」という編集方針があり、かつての文化面を担当した記者は、「ネットにも載っていない人を探せ」と上司からいわれて、自費出版の書店回りまでしていたそうです。

　文化面といえば、「書評」欄は読書ファンに根強い人気をもっています。書評で取り上げる本は、文化部が「書評委員会」に推薦して決まります。

　読書好きの読者はもちろん、そうでない方も「いまどのような

本がビジネスパーソンに人気があるのか」など出版のトレンドを知るために、「ちら読み」しておくといいでしょう。

スタイル❺ 週末は紙で楽しみながら情報収集をしよう

ふだんは忙しくて電子版しか読めないというビジネスパーソンも、週末は少し自宅でリラックスして、新聞を紙で読んでみましょう。

週末に挟み込まれる生活情報紙は意外なほどタメになる!?

まず、毎週末挟み込まれているのが、マガジンスタイルの生活情報紙です。

土曜日は「Nikkeiプラス1」が、日曜日は「Nikkei The Style」があります。

「Nikkeiプラス1」の名物企画は「何でもランキング」。食べ物から温泉等々、さまざまなモノのランキングで、毎週楽しみにしている読者も多いと聞きます（そういう私もファンのひとりです）。ほかには健康、くらし、日経らしくマネー関連の記事が並んでいます。

「Nikkei The Style」は海外の紀行記事や、グルメ、ファッション、アート、著名人のエッセイやインタビューなどがあります。

ともに紙面がカラーなので目でも楽しめるところは、ニューヨークタイムズの日曜版を意識しているといわれています。

日曜・朝刊の総合面で次の1週間を俯瞰する

ビジネスパーソンは、日曜日朝刊の総合面にある「This week preview 今週の予定」が要チェックです。

その週の主なイベントの予定が掲載されており、1週間を俯瞰するのに便利です。国内外の主要な経済指標の発表、また国内外の政治・外交日程がコンパクトにまとめられています。決算時期には、主な企業の決算発表日も確認できます。

さらにニュースフォーキャスト欄の「Outlook 今週の市場」で、経済・金融市場のトピックや見どころをチェックするのも必要です。

ほか、土曜日朝刊にある「M&I（マネーアンドインベストメント）」も生活設計や資産運用の方法を日経のプロが伝授します。

スタイル❻ 変化球であふれている「月曜の紙面」を愉しむ

月曜日は週明けで「企業ネタ」がないため、科学技術、教育、医療などの特集面が掲載されます。

若い世代や女性向けの記事が多い月曜の紙面

また、月曜日には若い読者向けの「18歳プラス」面があり、大人気の池上彰さんが、自身が教鞭をとっている東京工業大学の講義内容を紹介するコラム「池上彰の大岡山通信」も掲載されています。

ほか、「18歳プラス」には、新社会人や就職活動中の学生に、知っておくと役に立つ経済やビジネスの情報も掲載されています。この面は、人事の採用担当や就活中の学生を子どもにもつ親にも参考になると思います。

　また、月曜日には女性面もあります。
　女性の社会進出が著しいなか、働くことの悩みや疑問に答えていく面です。
　こうした面が作られる背景として、いまの紙の読者層は40代〜50代の男性が中心で、若い層や女性層の紙離れを食い止めたいという狙いもありそうです。

スタイル❼　景気や業界の動向を広告やチラシから読み解く

　ビジネスパーソンのなかで「新聞は紙」を選ぶ理由として意外に多かったのが、「広告のチェック」でした。
　私も職業柄、どんな本が出版されているのか、発売された雑誌がどんな見出しを立てているのか、広告にざっと目を通します。
　ある不動産デベロッパーの幹部が、紙の宅配を続ける理由として挙げたのは「チラシがあるため」でした。
　この幹部はチラシで「景気動向や業界動向も含めた定点観測」を行っているそうです。また、同業他社が日経にどのような広告を出しているのかが、気になるビジネスパーソンも少なくないよ

うです。

折り込み広告は景気のバロメーター!?

　新聞の折り込み広告の量が、景気のバロメーターとかつていわれました。

　しかし、デジタル広告が普及した影響で、折り込み広告の量が必ずしも景気の判断につながらなくなっています。

　ある不動産関連の幹部は、「いまチラシの感度が落ちていて、以前ならチラシを入れた翌日にお客様がどっときましたが、最近のお客様はネットでチェックしています」と語りました。

　ただ、そうしたなかでもビジネスパーソンの読者が多い日経は、「広告を出稿する立場からみると、所得水準が高い層へのアプローチに適したメディア」（企業幹部）であることは間違いないようです。

スタイル ❽ 意外に多い政治面の隠れファン、その理由とは？

　私は学生時代から日経の政治面の熱心な読者ですが、実は日経の政治面は、他社の記者の間でも「隠れファン」が多いのです。それはなぜでしょうか？

日経の政治面に隠れファンが多い理由

　まず1つ目に、経済に多くの紙面が割かれるが故に、政治面の

記事がとてもコンパクトにまとめられています。

　経済や企業面目当てのビジネスパーソンは、政治面を後回しにする（または読まない）可能性があります。ですから日経の政治面は、忙しいビジネスパーソンが、政治の動きを知るのに、ちょうどいいサイズ感となっています。

　2つ目には、政策をしっかり伝えるというスタンスが紙面に貫かれていることです。政治面では政局だけでなく、「その政策によって私たちの生活がどうなるのか」がよくわかるような構成になっています。

　ちなみに日経の電子版のメニューをみると「おや？」と感じることがあります。

　一般的に政治と経済を語るときに、「政治・経済」と政治が先になりますが、日経電子版の場合は「経済・政治」と順番が逆になっています。

　また日経は、政治部の陣容が他の大手紙に比べて少なく、「よくあの人数でやっている」（大手他紙デスク）といわれています。

　しかし、日経の政治部は「少数精鋭」でハイクオリティな記事を書いているのです。

「首相官邸」はビジネスパーソン必読!?

　政治面の下段には、政治オタクの密かな楽しみである「首相官邸」があります。ここでは、前日の総理の分刻みの動静が、記されています。

　ここでチェックするのは、首相が誰と会っているか、どんな会議・会合に出席しているかです。

首相と会う頻度が高いのは誰か、夜の会食に誰が出席しているのか、などをこまめにチェックすると、いま政府がどんなトピックに高い優先順位をもっているのか、誰が政権と近い関係をもっているのか、など思わぬ「気付き」があります。また、夜の会食場所は、グルメなビジネスパーソンにとって要チェックといえそうです。

2018年8月8日の「首相官邸」(スマホによる電子版の画面)

COLUMN

「紙の新聞は『見るもの』でもある」

　フジテレビの「とくダネ！」で長らくコメンテーターを務められた、竹田圭吾さんという方がいました。

　ニューズウィーク日本版の元編集長で国際情勢や社会問題に詳しく、切れ味鋭いコメントには定評がありましたが、2016年1月に、51歳の若さで亡くなりました。

　私は竹田さんとお付き合いさせていただきながら、番組で観る竹田さんの情報分析力やコメント力にはいつも感服していました。

　竹田さんは、著書『コメントする力』（PHP研究所）のなかで、新聞から情報をどう入手するかについて、こんなことを語っていますので、引用します。

「紙の新聞は『読むもの』であると同時に『見るもの』でもあると、私は思っています。

（中略）

　紙面をみるときは、まず見出しをチェックし、それぞれの記事を頭の中で三つのカテゴリに分類します。

　どうでもいいニュースは、見出しを確認しただけでそのままスルーします。

　事実として押さえておくだけでよさそうなニュースは、記事の本文をななめ読みして済ませます。

大事なニュースを見つけたときは、その場では記事を読まず、その記事が載っている面をその場で新聞本体から切り離します」

　竹田さんは原則的に、朝日、読売、毎日、日経、産経、東京の朝刊6紙に目を通していました。作業に充てる時間は、全紙合計で毎日1時間。
　新聞を読むのではなく「見る」ようにしているのは、世の中の全体像を頭にインプットするのが重要だからと、この本のなかで竹田さんは言っています。

　竹田さんは『ニューズウィーク』の前職は、アメリカンフットボールの専門誌『月刊タッチダウン』の記者をしていました。
　私も長男が大学時代にアメフト部にいたため、よくアメフト話に花を咲かせました。
　今年、日大アメフト部の問題が世間を騒がせていますが、竹田さんが存命だったらスタジオでどんなコメントをしただろうと悔しく思いました。
　心からご冥福をお祈りします。

おわりに

「日経新聞の読みかたを、経済の取材現場をよく知る、フジテレビ元経済部長の鈴木さんが書いたら面白いですよね」

「日経新聞の読みかた」はビジネス本の定番として、毎年春、新社会人を中心によく読まれるそうです。

　しかし、編集者との雑談であったこの一言が、この本を出版するきっかけになるとは、そのとき考えもしませんでした。

　その半年後、「そろそろ具体的に進めましょう」と連絡が編集者からあったときは、何の話だかわからず、「本気だったんですか？」と思わず聞きなおしました。

　フジテレビで働く私は、フジサンケイグループの一員であり、グループには産経新聞がいます。さすがにそれは難しいだろうと出版社にはお断りするつもりで、「一応、社内で相談します」と答えたのですが、社内の反応は意外にも「いいんじゃないですか」「面白いですね」と好意的でした。

　というわけで今回、フジテレビ元経済部長が日経の読みかたを書くという、前代未聞の出版企画が成立することになったのです。

　私にとって日経は、就活の準備のために読み始めてから、金融で働いていた時代、そしてフジテレビで働くいまでも、ほぼ40

年お付き合いしている愛読紙です。

　前の職場の農林中央金庫では、駆け出しの外為ディーラーとして、朝一番に日経を隅々まで目を通すのが日課でした。

　またフジテレビで経済記者だったころは、日経のスクープを追いかけるため、未明から泣く泣く取材先に向かったこともあります。

　働くことを意識したころから、日経は常にそばにあり、まさに「愛憎半ば」の存在だったのです。

　本書を書くにあたって、日経関係者や企業の方々だけでなく、ライバル社である他社の記者からもさまざまな話を聞きました。

　そのなかで日経のデジタルファーストについてうかがうと、誰もが「この流れは止められない。基本的にデジタルで生き残るしかない」と口を揃えて言っていたのが印象的でした。

　スマホが現れて10年以上が経ち、メディアを取り巻く世界は激変しました。

　SNSの普及やネットニュースなど多メディアの時代が到来し、新聞もテレビも、もはやうかうかしていられません。

　これまでの新聞やテレビのビジネスモデルは、近い将来、通用しないと思っていたほうがよいでしょう。

　最後に、ここまで読んでいただいたみなさんに、厚く御礼申し

上げます。日経を知ることは、同時にメディアリテラシーを養うことです。みなさんの今後のビジネスや就活に本書がお役に立てましたら、このうえなく幸いです。

　本書を執筆するにあたってご多忙のなか取材にご協力いただいた企業やメディア関係者のみなさん、マネックス証券の広木隆さん、誠にありがとうございました。
　フジテレビ報道局のみなさん、石原正人局長、経済部山田博部長ほかデスク・記者のみなさん、みなさんのご協力がなければ本書を上梓することは難しかったです。
　本書の執筆をお誘いいただいたプレジデント社の長坂嘉昭社長、桂木栄一書籍編集部部長と編集担当の遠藤由次郎さん、さまざまなアドバイスをいただき、よき相談相手となって支えてもらいました。素敵なカバーをデザインしてくれた渡邉雄哉さん、インパクト抜群の表紙のイラストを書いてくれた師岡とおるさんにも、大変感謝しています。
　執筆活動を支えてくれた妻と今春社会人としてスタートした長男、大学生活を始めた次男、そして中学3年生の三男にも感謝の思いを伝えたいと思います。
　本書は、読者層を自分の家族とイメージして書きました。
　ぜひ、新社会人やこれから社会に飛び立つ学生たちに読んでほ

しいと思います。
　最後に、私の学生時代に日経の購読をすすめてくれた今は亡き父へ感謝し、締めくくりの言葉とさせてください。

　2018年8月

鈴木 款（フジテレビ解説委員）

参考文献

- 『一番わかりやすい日本経済入門』(塚崎公義/河出書房新社)
- 『小泉進次郎　日本の未来をつくる言葉』(鈴木款/扶桑社新書)
- 『"税金ゼロ"の資産運用革命』(田村正之/日本経済新聞出版社)
- 『コメントする力』(竹田圭吾/PHP研究所)
- 『誰がテレビを殺すのか』(夏野剛/角川新書)
- 『5年後、メディアは稼げるか』(佐々木紀彦/東洋経済新報社)
- 『「ニュース」は生き残るか』(早稲田大学メディア文化研究所/一藝社)
- 『小宮一慶の「日経新聞」深読み講座』(小宮一慶/日本経済新聞出版社)
- 『記者ハンドブック』(共同通信社)
- 『放送倫理手帳2018』(日本民間放送連盟)
- 『新聞の正しい読み方』(松林薫/NTT出版)
- 『僕らが毎日やっている最強の読み方』(池上彰・佐藤優/東洋経済新報社)
- 『図解 とりあえず日経新聞が読める本』(山本博幸/ディスカヴァー・トゥエンティワン)
- 『広報のお悩み相談室』(栗田朋一/朝日新聞出版)
- 『役員になれる人の「日経新聞」読み方の流儀』(田中慎一/明日香出版社)

PROFILE

鈴木 款
すずき まこと

1961年、北海道函館市生まれ。神奈川県立小田原高校、早稲田大学卒業後、農林中央金庫で外国為替ディーラーなどを経て、フジテレビに入社。営業局、『報道2001』番組ディレクター、ニューヨーク支局長、経済部長を経て現在、解説委員。『めざましどようび』などで経済コメンテーターを務めるほか、教育問題をライフワークとして取材。著書に『小泉進次郎 日本の未来をつくる言葉』(扶桑社新書)、編書に『日本人なら知っておきたい 2020教育改革のキモ』(扶桑社)がある。
映画倫理機構(映倫)の年少者映画審議会委員。はこだて観光大使。趣味はマラソン、トライアスロン。2017年にサハラ砂漠マラソン(全長250キロ)を走破。

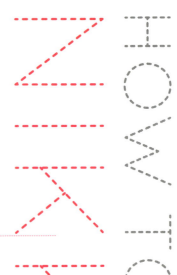

フジテレビ元経済部長が毎日実践している
日経電子版の読みかた

2018年9月20日　第1刷発行

著　者	鈴木　款
発行者	長坂嘉昭
発行所	株式会社プレジデント社
	〒102-8641　東京都千代田区平河町2-16-1
	平河町森タワー13階
	http://www.president.co.jp/
	電話：編集(03)3237-3732　販売(03)3237-3731
編　集	桂木栄一　遠藤由次郎
ブックデザイン	渡邉雄哉(LIKE A DESIGN)
表紙イラスト	師岡とおる
撮　影	小倉和徳
制　作	関 結香
販　売	高橋徹　川井田美景　森田巌　末吉秀樹
印刷・製本	凸版印刷株式会社

©Fuji Television Network, Ink. 2018
ISBN978-4-8334-2293-2
Printed in Japan
落丁・乱丁本はおとりかえいたします。